DAILY
法学選書

ピンポイント行政法

デイリー法学選書編修委員会 [編]

三省堂

はじめに

　行政法という名称の法律は六法全書に存在せず、実態がつかめないために、行政法は遠い存在であるという印象を持つ人も多いと思います。しかし実際には、存在する法律の多くは行政法に位置づけられます。たとえば、自動車の運転には運転免許証が必要であると規定する道路交通法や、自宅の新築の際に従うべき基準を示す建築基準法などは、行政法に属します。このように、行政法は、私たちが生活の上で直面するさまざまなルールを規定する、最も身近な法律であるといっても過言ではありません。

　行政法は、行政法総論、行政救済法、行政組織法という3つの分野に分けて勉強する人が多いと思います。しかし、各分野は独立しておらず、行政法総論や行政組織法で学ぶ、行政の活動や行政内部の組織に関する知識を基礎として、行政救済法が規定する訴訟類型の理解が深まる、という関係にあります。常に行政法全体の有機的関連を意識しながら、繰り返し学習することで、知識を定着させていくことが大切です。

　本書は、はじめて行政法を学習する人を対象に、読みやすく、無理なく知識が習得できるように構成された入門書です。とくに法制度の「幹」になる部分の解説に重点を置いています。判例・学説の対立についても、その背景にある問題の所在を明らかにして、考える筋道を提示するように心がけています。

　本書を繰り返し通読していただき、今後、より詳細な体系書などの学習へと進んだ場合に、スムーズに内容を理解できるように、本書では、土台になる徹底した基礎内容を丁寧に解説しています。

　本書を日常学習のお役に立てていただき、次のステップへの架け橋として活用していただければ幸いです。

デイリー法学選書編修委員会

Contents

はじめに

第1章 行政法の基礎

- 1 行政法の意義 … 8
- 2 行政法の法源 … 10
- 3 行政法と私法・刑事法 … 12
- 4 法律による行政の原理 … 14
- 5 行政法の一般原理 … 18
- Column 行政上の法律関係に対する民法の適用 … 20

第2章 行政組織法

- 1 行政主体 … 22
- 2 行政組織 … 24
- 3 行政機関 … 26
- 4 地方自治の原理 … 28
- 5 地方公共団体の活動 … 30
- 6 地方公共団体の組織 … 34
- 7 条例制定権 … 38
- 8 住民と直接請求 … 42
- Column 国と地方公共団体の事務の役割分担 … 44

第3章 行政による行為形式

- 1 行政基準 … 46
- 2 行政行為の意義・分類 … 50
- 3 行政行為の効力 … 54
- 4 行政行為の瑕疵 … 58
- 5 行政行為の取消し・撤回 … 62
- 6 行政裁量 … 64
- 7 行政契約 … 68

8	行政指導	72
9	行政計画	76
10	行政調査	78
11	行政上の義務履行確保	80
12	行政罰	84
Column	行政行為の附款	86

第4章　行政手続と情報公開制度

1	行政手続の意義	88
2	申請に対する処分に関する手続	90
3	不利益処分に関する手続	94
4	その他の行政手続（届出・意見公募手続など）	98
5	行政手続の効力	102
6	情報公開制度	104
7	個人情報保護制度	108
Column	公文書管理	110

第5章　行政上の不服申立て

1	行政救済法の体系	112
2	行政不服申立ての類型	114
3	審査請求の要件	116
4	審査請求に対する審理	118
5	裁　決	122
6	教示制度	124
Column	行政に対する苦情処理制度	126

第6章　行政事件訴訟

1	行政事件訴訟の類型	128
2	取消訴訟中心主義	132

3	処分性	134
4	原告適格	138
5	訴えの利益	142
6	その他の取消訴訟の訴訟要件	144
7	取消訴訟の審理	146
8	取消訴訟に対する判決	150
9	執行停止	152
10	無効等確認訴訟	154
11	不作為の違法確認訴訟	158
12	義務付け訴訟	160
13	差止訴訟	164
14	当事者訴訟	166
Column	住民訴訟	168

第7章　国家賠償

1	国家補償の類型	170
2	公権力の行使に対する国家賠償	172
3	公の営造物の瑕疵に基づく国家賠償	176
4	その他の国家賠償に関する制度	180
Column	公務員に対する個人責任の追及	182

第8章　損失補償

1	損失補償制度	184
2	損失補償が必要になる場合	186
3	損失補償の内容	188
4	国家補償の谷間の問題	190

第1章
行政法の基礎

1 行政法の意義

行政法とはどんな法律なのか

　行政法とはどのような法律なのでしょうか。我が国には、日本国憲法、民法、刑法、会社法、民事訴訟法、刑事訴訟法という名称の法律は存在しますが、実は「行政法」という名称の法律は存在しません。法律の世界で「行政法」というときは、行政活動に関係するさまざまな法律の集合体を指しています。

　たとえば、自動車を運転しようとする人は、道路交通法という法律に基づき、公安委員会から運転免許を得る必要があります。また、飲食店を営もうとする人は、食品衛生法という法律に基づき、保健所から営業許可を得る必要があります。道路交通法や食品衛生法などの法律は、公安委員会や保健所などの行政活動を行う機関との関係を定めていますので、どちらも行政法に含まれます。このように行政法というのは、私たちの日常生活に密接に関係した法律であるということができます。

　もっとも、行政法を学習する場合、とくに行政作用法については、個別の法律を学習するのではなく、多くの法律に共通するものとして抽出された原理（理論）を学習します。行政法に含まれる法律の多くが行政作用法の領域に含まれるからです。

　かつては「行政法とは何か」に答えるため、行政法の積極的な定義づけが行われてきました。たとえば、行政法は「行政の組織および作用、その統制に関する国内公法をいう」という定義ですが、行政法の全体をカバーする定義としては不十分でした。日常生活の膨大な部分をカバーする行政は、国家作用を立法、行政、司法に分類したときに（三権分立）、「国家作用のう

第1章 行政法の基礎

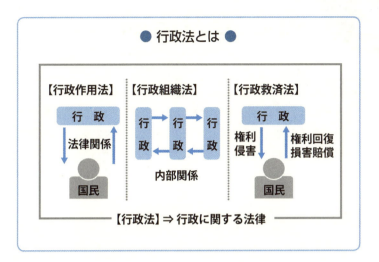

ち立法と司法の作用を除いたもの」という消極的な定義をせざるを得ません（控除説）。そこで、行政法とは「行政に関する法」という消極的な定義づけが現在もなされています。

行政法は3つの領域に分類できる

　行政法は、主に行政作用法・行政組織法・行政救済法という3つの領域に分類して学習していくのが一般的です。
　行政作用法とは、運転免許や営業許可など、主に行政と国民との関係を定めた法律です。行政作用法では多くの法律に共通する原理を学習します。
　行政組織法とは、国家行政組織法や地方自治法など、行政内部の取り決めや組織体系を定めた法律です。
　行政救済法とは、行政事件訴訟法、行政不服審査法、国家賠償法など、行政活動により国民の権利や利益が侵害された場合に、権利の回復や被った損害の賠償について定めた法律です。

2 行政法の法源

法源とは

法源とは、法が存在する形式のことです。行政法には多くの法律が含まれますが、「法律」という形式の他にも、行政法に含まれるさまざまな法源が存在します。以下で見ていくように、法源については、成文法源と不文法源に分類されています。

成文法源

成文法源とは、文書の形式で存在している法規範（ルール）を指します。主な成文法源について見ていきましょう。

① 憲法

行政法の最も重要な成文法源が**憲法**です。なぜなら、憲法は「国の最高法規」（憲法98条1項）として、あらゆる成文法源の頂点に位置づけられる法規範だからです。また、憲法による基本的人権の保障は、違法な行政活動を抑制し、国民の権利や利益を保護するため、重要な役割を果たしています。

② 条約

条約とは、国家間における取り決めです。条約のうち、国内法を整備するなどして、国内法として国民を法的に拘束する効力が認められた条約は、行政法の成文法源のひとつとなります。

③ 法律

法律は、国会が制定する法規範をいいます。国家行政組織法、地方自治法、行政不服審査法、行政事件訴訟法、国家賠償法、さらには行政作用法に含まれる多くの法律など、成文法源として法律が果たす役割は非常に大きくなっています。

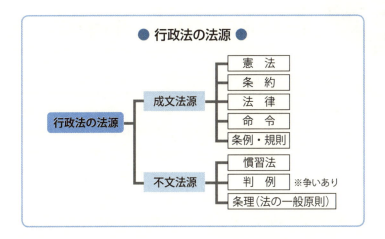

④ 命令

命令とは、行政機関が制定する法規範です。命令を制定する機関に応じて、内閣が制定する政令、内閣総理大臣が制定する府令、各省大臣が制定する省令などに分類されます。

⑤ 条例・規則

地方公共団体が制定する条例・規則は、法律・命令と性質が似ているので、行政法の成文法源であると考えられています。

不文法源

不文法源とは、文書として存在していない法規範のことです。とくに慣習法、判例、条理が問題になります。慣習法とは、慣習のうち人々が法的確信を得た法規範ですが、行政法で慣習法が法源になることは少ないといえます。判例については、最高裁判所の判決が強い影響力を持ちますが、法源として認めるかどうかは争いがあります。また、条理の代表例が後述する「法の一般原則」であり、行政法では大きな役割を持っています。

3 行政法と私法・刑事法

公法・私法二元論に対する批判

　行政法の定義について、かつては「行政に関係する公法」であるというように、行政法の公法としての性質を強調する見解がありました。この定義は、個人の権利を、主に国家との間で問題になる公権と、主に私人同士の間で問題となる私権に分類した上で、さまざまな法律を、公権に関して適用する公法と、私権に関して適用する私法とに明確に分類する考え方（公法・私法二元論）を前提にしたものでした。

　公法・私法二元論は、公権については公法を適用すべきで、私法を適用すべきではないと結論づけますが、このような紋切り型ともいえる考え方は硬直的であると批判されました。現在では、公法・私法二元論は採用されていません。

行政法と私法

　公法・私法二元論の下では、公法に属する行政法と私法に属する民法や商法などはまったく異質であり、行政法の領域に対して私法を適用することに批判的でした。

　しかし、公法・私法二元論が否定された現在では、私法を行政法の領域に対して適用することも否定されません。たとえば、国や地方公共団体などの行政主体が、行政活動に必要な物品を店舗で購入する場合は、私人が店舗で物品を購入する場合と同様に、民法が定める売買契約に基づいて、私法上の権利義務関係が形成されます（後述する行政契約にあたります）。

　ただし、行政と国民の関係という特殊性を考慮して、私法に

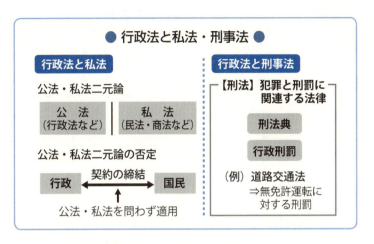

対して若干の修正が求められる場合もあります。たとえば、国が国有地を売却する場合、これは民法上の売買契約ですから、当事者が自由に売買代金を決定できるはずです（契約自由の原則）。しかし、国が受け取る売買代金は国家の歳入を形成するため、あまりに安価で売却されるのは望ましくありません。そこで、国家の歳入を増加させるため、適正価格で売却できるよう契約自由の原則に対する修正が求められています。

行政法と刑事法

　刑事法とは、犯罪と刑罰に関連する法律の総称です。刑法や刑事訴訟法が代表例ですが、行政法の中にも刑罰に関する規定が置かれており、行政法と刑事法は強く結びついています。

　たとえば、道路交通法は、無免許の状態で自動車を運転した者に対して、懲役や罰金などの刑罰を科しています。このように、行政上の秩序を維持するための刑罰に関する規定が、後で学習する行政刑罰にあたります。

4 法律による行政の原理

法律による行政の原理とは

　現代社会は「行政国家」といわれるように、行政が果たすべき役割が増大しています。しかし、行政が恣意的に法規範の制定や執行を行うことで、国民の権利や利益を不当に侵害することがないよう、行政を担う機関は行政活動にあたって法規範を遵守することが必要です。この考え方を法律による行政の原理といい、行政法の基本原理として位置づけられています。

　法律による行政の原理は、立法を担う国会が国民の代表者から構成され、その国会が制定する法律に従って行政活動が行われることにより、行政による国民の権利や利益の侵害が抑止される、という構造になることを求めています。

　法律による行政の原理はドイツで提唱されたものですが、現在でもドイツで行われた分類にならい、①法律の法規創造力、②法律の優位、③法律の留保の3つに分類して理解されています。

法律の法規創造力とは

　法律の法規創造力とは、法規の制定は法律にのみ許されるという原則です。ここで「法規」とは、国民が持っている自由に制約を加えたり、国民に義務を課したりする法規範、つまり国民の権利義務に関する法規範を指します。たとえば、所得税を課することは、国民に税金を納める義務を課する行為であるため、法規として国税徴収法をはじめとする各種の法律が制定されており、これらの法律に基づき課税が行われています。

　したがって、行政が法規としての命令を制定することは許さ

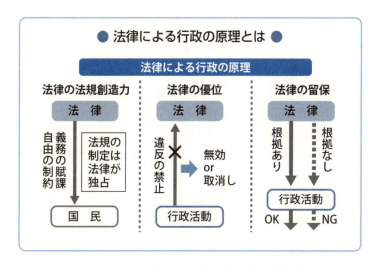

れないのが原則です。ただし、法律の具体的な委任があった場合は、命令による法規の制定が例外的に許されます。この場合に制定される命令が、後で学習する委任命令のことです。

法律の優位とは

法律の優位とは、法律が存在する場合に、行政活動が法律に違反して行われてはならないとする原則です。法律に違反する行政活動は「違法」な行政活動として許されず、その是正が必要になります。行政法の領域のひとつとして行政救済法があることは前述しましたが、法律の優位の原則に基づき、違法な行政活動は無効として扱われるか、取消しの対象になります。

法律の留保とは

法律の留保とは、一定の行政活動を行う場合に、その行政活動の根拠になる法律が必要であるとする原則です。前述した法

律の優位は、行政活動の根拠となる法律が存在する場合に、その法律に違反した行政活動ができないとする原則です。これに対して、法律の留保は、行政活動の根拠となる法律が存在しない場合に、法律が存在しなければ行うことができない行政活動の範囲を問題とする原則です。

このような点から、法律の留保をめぐっては、法律が存在しなければ行うことができない行政活動の範囲、つまり法律の根拠が必要な行政活動の範囲について議論が行われています。

また、法律の留保に関する議論は、法律を組織規範・根拠規範・規制規範に分類することを前提としています。

組織規範とは、どのような組織を設け、その組織にどのような権限を配分するかを定めた法律を指します。根拠規範とは、どのような要件の下で、どのような効果を持つ行政活動を行うことができるかを定めた法律を指します。規制規範とは、行政活動を行うことができることを前提に、その行政活動の適正化を図るための規制について定めた法律を指します。

そして、法律の留保にいう「法律」は、どのような行政活動を行うことができるかを定めており、行政と国民の関係に強い影響を与える根拠規範を指すと考えられています。

法律の根拠が必要な行政活動の範囲

法律の留保について争いがあるのは、前述した法律（根拠規範）の根拠が必要な行政活動の範囲です。学説は細かく分かれていますが、ここでは主要な学説を見ていきましょう。

まず、すべての行政活動について法律の根拠が必要であると考える全部留保説があります。確かにすべての行政活動が法律の根拠の下に行われるのであれば、民主主義に基づいた理想的

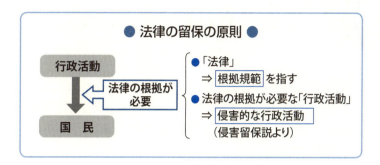

な状態といえます。しかし、全部留保説に対しては、すべての行政活動を想定して法律で定めておくのは事実上不可能であることや、行政が国民の権利や利益を考慮して臨機応変に活動することへの妨げになるとの批判が加えられています。

そこで、現在でも比較的支持を集めているのが、侵害的な行政活動について法律の根拠が必要だと考える侵害留保説です。つまり、国民の自由を制約するか、国民に義務を課する行政活動について、法律の根拠が必要だと考えます。これに対して、国民に権利や利益を与える行政活動については、法律の根拠が不要となるので、全部留保説に基づくよりも行政が臨機応変に活動することができます。

しかし、侵害留保説に対しては、行政が法律の根拠なく活動できる範囲が広すぎるとの批判もあります。そこで、侵害留保説よりも法律の根拠を必要とする範囲を広げるため、権力的な行政活動について法律の根拠を必要とする考え方（権力留保説）、国民に重大な影響を与える行政活動について法律の根拠を必要とする考え方（重要事項留保説）などが主張されています。しかし、法律の根拠が必要な行政活動の範囲が不明確であるとの批判があり、多くの支持を集めるには至っていません。

5 行政法の一般原理

行政法の一般原理

法律による行政の原理以外にも、以下のような行政法の領域に共通する原理があると考えられています。

① 説明責任の原則

説明責任の原則とは、行政活動が違法か適法かを問わず、行政が国民に行政活動の過程を説明する責任を負うとする原則をいいます。

② 補完性の原則

補完性の原則とは、行政の過度な介入を避けるため、民間にゆだねることができる活動は民間にゆだねて、民間にゆだねることが適切でない活動を行政が担う（補完する）という役割分担を行うべきであるとする原則をいいます。

③ 効率性の原則

効率性の原則とは、限られた公的資源を効率よく配分することで、最大限の行政活動の効果を引き出すこと、つまり行政の効率化を求める原則です。

法の一般原則

条理（物事の道理や社会一般に通用する常識）として憲法や民法などから導き出される法の一般原則は、行政法の領域にも適用されると考えられています。

① 信義誠実の原則

信義誠実の原則とは、相手方の信頼を害する行為を禁じる原則で、民法1条2項から導き出されます。行政法の領域でも信

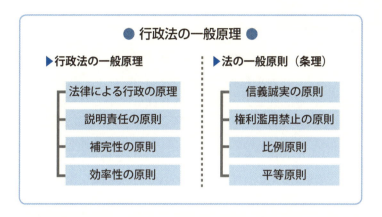

義誠実の原則は一般的には適用されます。ただし、本来は適法であるはずの行政活動を、信義誠実の原則の適用により違法とすることについては、とくに租税関係では慎重に行うのが最高裁判例の考え方です。

② 権利濫用禁止の原則

権利濫用禁止の原則とは、正当な範囲を逸脱する権限行使を禁ずる原則で、民法1条3項から導き出されます。たとえば、行政側が不当な目的で私人の申請を拒否した場合に、権利濫用を認めて権限行使を違法とした最高裁判例があります。

③ 比例原則

比例原則とは、行政活動が個人の権利や利益を侵害する場合、行政は可能な限り侵害の程度が小さい手段を選択し、行政活動の目的と手段の均衡を図らなければならないとする原則です。

④ 平等原則

平等原則とは、憲法14条1項が定める法の下の平等から導き出され、行政活動に際して、合理的な理由がないのに、同じ条件にある国民を不平等に取り扱うことを禁ずる原則です。

Column

行政上の法律関係に対する民法の適用

　行政上の法律関係は、国や地方公共団体などの行政側と国民側との間に発生するため、私人間の法律関係と性質が異なることは確かです。しかし、本文で記載したように、現在では公法・私法二元論は否定され、行政上の法律関係においても、個別具体的な場面で、民法や商法をはじめとする私法の規定の適用が認められる場合があると考えられています。

　行政上の法律関係に適用される民法の規定の例として、意思表示に関する規定が挙げられます。民法は、法律関係を変動させようとする意思表示について、重要な部分に勘違い（錯誤）がある場合や、詐欺や強迫に基づく場合に、その意思表示の取消しを認めています（民法95条・96条）。

　下級裁判所の裁判例においても、行政上の法律関係に対して、意思表示に関する規定の適用を認めています。たとえば、公務員が退職の意思表示を行ったところ、それが退職年金を受給する資格が発生したと誤解したことに基づいていたため、錯誤に基づく退職の意思表示の取消しが認められています。

　また、私有地を農地として転用する許可申請を行った人が、行政側から「土地の一部を寄附しないと申請書の受理はしない」との行政指導を受けたため、申請書が受理されないことを恐れて土地を寄附したとします。この場合も、下級裁判所の裁判例では、土地の寄附行為に関する意思表示は強迫に基づくとして、その寄附行為の取消しを認めています。

　しかし、最高裁判例によると、行政行為には意思表示の規定が適用されず、原則として行政庁が表示した通りの効力が生じます。また、個別の法律において、意思表示の規定の適用が排除される場合もあります。

第2章

行政組織法

1 行政主体

行政主体とは

　自然人（生身の人間）とは異なり、「行政」というのは目で見て確認できる肉体があるわけではありません。そこで、行政法上の権利や義務が帰属する行政側の法人として、行政主体という概念が生まれました。行政主体の代表例が、後述する「国」と「地方公共団体」です。したがって、国や地方公共団体に所属する公務員が、国民との間で行ったさまざまな行為について、その効果は行政主体に帰属します。これは、法人である会社に所属する従業員が行ったさまざまな行為について、その効果が会社に帰属するのと同じように考えることができます。

　そして、前述したように行政法には、行政作用法、行政救済法、行政組織法という3つの領域がありますが、行政主体の内部組織に関して定めているのが行政組織法です。

行政主体の分類

　行政主体については、統治システムを持っている団体であるか否かによって分類することができます。

　まず、統治システムを持った行政主体は、国と地方公共団体の2つです。国は「日本国」のことで、最も基本的な行政主体です。一方、地方公共団体は、国から独立した地方自治の担い手である行政主体のことで、都道府県、市町村、特別区（東京23区）などがあります。

　一方、統治システムを持たない主な行政主体として、独立行政法人、特殊法人、公共組合を挙げることができます。

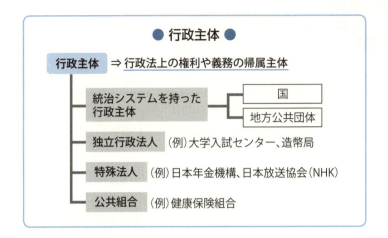

- 独立行政法人

　独立行政法人とは、国が直接実施する必要はないが、公共上の見地から確実に実施されることが必要な事務を担当するために、国から独立した法人として、独立行政法人通則法と個別の法律に基づいて設置された団体をいいます。たとえば、大学入試の事務を行う大学入試センター、硬貨の製造の事務を行う造幣局などが挙げられます。

- 特殊法人

　特殊法人とは、独立行政法人通則法に基づかず、個別の法律のみに基づいて設置された団体をいいます。たとえば、日本年金機構、日本放送協会（NHK）などが挙げられます。特殊法人については、独立行政法人への移行や統廃合が進んでいます。

- 公共組合

　公共組合とは、特定の公的な事務を担当するために組織された団体をいいます。たとえば、社会保険事業を担うことを目的に組織された健康保険組合などが挙げられます。

2 行政組織

行政組織の編成

かつての大日本帝国憲法の下では、統治権の総覧者としての天皇が、行政組織を編成する権限を持っていました。これを官制大権といいます。

これに対して、現在の日本国憲法の下では、象徴天皇制がとられているので、天皇は政治的権限を持っておらず、管制大権は明確に否定されています。そのため、国会が行政組織を編成する権限を持っていると考えられています。なぜなら、国会は「国権の最高機関」（憲法41条）の地位にあって、国民の中から選出された代表者により構成されている国会が、行政組織の編成権限を持つことにより、行政に対する民主的コントロールを及ぼすことができるからです。

したがって、基本的には国会が制定する法律に基づいて、行政組織が編成されていくことになります。もっとも、行政組織の細部についても法律の根拠がなければ編成できないわけではなく、行政自身にある程度の編成権限を持たせることを、憲法が否定しているわけではないと考えられています。

そこで、行政組織の編成について、どの程度まで法律の根拠が必要なのかが問題になりますが、我が国が議院内閣制を採用していることが重要なポイントになります。

我が国の行政権を担う内閣は、首長（トップ）である内閣総理大臣が国会議員であることの他、構成員である国務大臣の過半数も国会議員であることが要求されています。また、内閣は国会に対して連帯責任を負います。その上で、国務大臣が行政

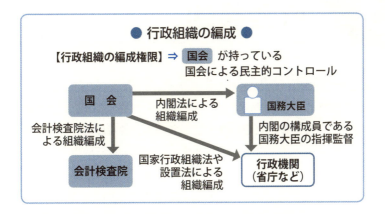

機関(各省庁など)の主任の大臣となって、自ら担当する行政機関を指揮監督するしくみがとられています。

このように、内閣の構成員である国務大臣が、内閣の下で国会の民主的コントロールに服しているため、行政機関にも国務大臣を通じた国会の民主的コントロールが間接的に及んでいます。そのため、法律による委任があれば、行政組織の細部については行政機関が自ら編成できると考えられています。

行政組織に関する法令

行政組織に関する法律として、内閣の組織に関する内閣法、会計検査院(主に国や独立行政法人などの会計の適正性を検査する独立した機関)に関する会計検査院法が挙げられます。そして、各省庁などの行政機関に関しては、各省庁などの設置法とともに、国家行政組織法が基本となる法律として制定されています。また、各省庁の内部機関である部・局などの詳細な組織については、行政機関自身が編成権を持つことが許されているため、政令や省令などにより規定されています。

3 行政機関

行政機関のとらえ方は2つある

　日常的に「行政機関」という言葉は、各省庁などを指すために使うことが多いと思います。もちろん、各省庁などを行政機関と呼ぶこともあります（後述する事務配分的行政機関概念のことです）。しかし、行政法の領域においては、権限を持っている各省大臣などの「人」を行政機関と呼ぶのが一般的です。これを作用法的行政機関概念といいます。

　以下では、作用法的行政機関概念を前提に行政機関について見ていき、最後に事務配分的行政機関概念にも言及します。

行政機関とは

　行政機関とは、行政主体のために、その行政主体の手足として行政活動を担う人をいいます。たとえば、東京都内にある飲食店の営業許可の申請を行う場合、申請先は東京都ですが、実際に申請を行う相手方は東京都知事であり、直接的には保健所の職員に申請書を提出します。この場合、行政主体としての東京都のために、行政機関である東京都知事や保健所の職員が、飲食店の営業許可申請に関する事務を行います。

　そして、行政機関の中心に位置づけられているのが、行政主体のために自ら意思決定を行い、これを外部に表示する権限を持っている行政庁です。前述した例では、行政庁にあたる東京都知事が、東京都のために営業許可申請を認めるか否かを決定して、これを私人に伝えます。

　行政庁の構成は、各省大臣、市区町村長など1人で構成され

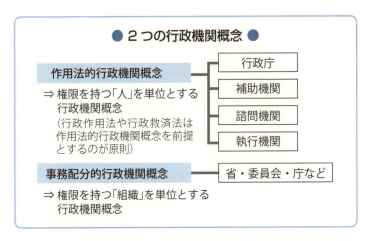

る（独任制）のが原則ですが、公正取引委員会、教育委員会など複数の人で行政庁を構成する場合（合議制）もあります。

さらに、行政機関は行政庁の他に、補助機関、諮問機関、執行機関に分類されます。補助機関とは、行政庁を補佐する行政機関で、前述した保健所の窓口の職員を含めて、多くの公務員が補助機関に含まれます。諮問機関とは、専門的知見から行政庁に助言を与える機関です。執行機関とは、行政主体の意思決定に基づき、国民に対して一方的に権限を行使する機関です。警察官、消防官、国税徴収官などが含まれます。

事務配分的行政機関概念

事務配分的行政機関概念とは、法律に基づき配分された行政事務を処理する機関全体を1つの行政機関としてとらえる考え方です。たとえば、前述した国家行政組織法は、省・委員会・庁などを行政機関と位置づけているため、事務配分的行政機関概念を前提としていると考えられています。

4 地方自治の原理

地方自治の2つの原理

行政活動の担い手として、まず思い浮かぶのが国だと思います。しかし、転入・転出届、婚姻・離婚届といった各種の届出など、私たちの権利や利益に直接的に関わる行政活動を数多く行っているのは、実は都道府県や市町村なのです。

地方分権の推進が叫ばれて久しいのですが、私たちの日常生活に密接に関わる都道府県や市町村の重要性は増しており、国が持っている権限や事務を都道府県や市区町村に移すという権限や事務の移譲が段階的に行われています。

このように、都道府県や市町村といった地方公共団体が、国から独立して、住民の意思に基づき、自立して行政活動を担うとする考え方を地方自治といいます。地方自治には、①住民自治、②団体自治という2つの原理があります。

① 住民自治

住民自治とは、その地域に住んでいる住民の意思決定と責任に基づいて行政活動を行うべきとする考え方を指します。

本来的には、住民自らがすべての意思決定に関与する直接民主制が望ましい形態ですが、地域の規模や処理する事務の多さから、その実施は困難です。そのため、原則的には代表民主制の下で、住民から選ばれた代表者によって、その地域の行政活動が行われています。

② 団体自治

団体自治とは、国から独立した団体によって、その地域の行政活動が行われるべきであるとする考え方を指します。我が国

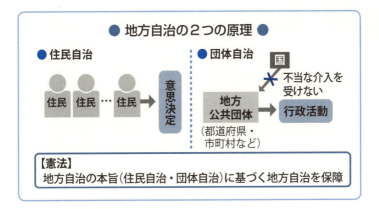

においては、都道府県や市町村といった地方公共団体が「国から独立した団体」として、それぞれの区域内の住民のために行政活動を行っています。

憲法が保障する地方自治

憲法92条は、都道府県や市町村といった地方公共団体の組織や運営に関する事項は、「地方自治の本旨に基づいて、法律でこれを定める」と規定しています。

ここで「地方自治の本旨」とは、住民自治と団体自治の2つの地方自治の原理を指すと考えられていることから、住民自治と団体自治を基礎とする地方自治の存在が、憲法によって保障されていることになります。さらに、「法律でこれを定める」という規定に基づき、地方公共団体の組織や運営に関する事項を定める法律として地方自治法が制定されています。

また、憲法94条は、地方公共団体の財産管理、事務処理、行政執行の各権能を規定しており、この規定が国から独立した団体による団体自治を保障していると考えられています。

5 地方公共団体の活動

地方公共団体とは

　地方公共団体とは、地方自治の担い手となる行政主体のことです。地方公共団体の組織や運営について定める地方自治法によると、地方公共団体は、①普通地方公共団体、②特別地方公共団体に大きく分類されます。

①　普通地方公共団体

　地方自治法は、普通地方公共団体には都道府県と市町村が含まれると定めています。私たちの日常生活に密接する基本的な行政主体が普通地方公共団体ということになります。複数の市町村を包括して都道府県が構成されるため、都道府県は市町村の上位にあると考えるかもしれません。しかし、都道府県と市町村は同等の地位にあり、法律上は上下関係がありません。

　もっとも、事務の配分にあたって、都道府県は、1つの市町村のみで処理することが適当でない広域的な範囲に及ぶ事務を処理することが予定されており、また、市町村との間の連絡や調整に関する事務を担当するなどの違いが見られます。

②　特別地方公共団体

　地方自治法は、特別地方公共団体には特別区、地方公共団体の組合、財産区の3つが含まれると定めています。

　特別区は東京23区のことです。基本的には普通地方公共団体の市と同等の権限が特別区にも認められています。

　地方公共団体の組合とは、複数の地方公共団体により構成される団体で、特定の事務を共同処理する必要がある場合に設置されます。具体的には、防災や教育など特定の事務を共同処理

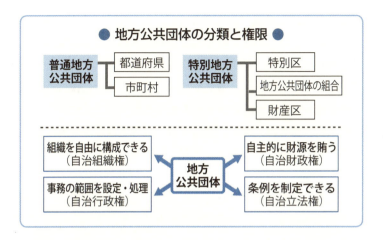

する必要がある場合に構成される一部事務組合と、高齢者医療など広範囲に及ぶ地域において処理するのが適切である事務を処理するために構成される広域連合の2つがあります。

財産区とは、特定の財産や公的な施設の管理・処分を行う場合に構成される特別地方公共団体です。たとえば、公有林の処分や公民館の管理などで財産区が見られます。

地方公共団体の権限

地方公共団体が持っている権限には、自治組織権、自治行政権、自治財政権、自治立法権があります。このうち自治立法権は条例制定権を指しますが、地方公共団体の権限のうちとくに重要なので、項目を改めます（⇨ 38 頁）。

自治組織権とは、地方公共団体が、自らの組織のあり方を自主的に決定できる権限をいいます。これにより、各地方公共団体は、地域のニーズに応じた部・課などを設けることができます。ただし、憲法や地方自治法は、地方議会やその議員の設置

と地方公共団体の長（都道府県知事、市町村長、特別区長）の設置を必要としています。そして、地方議会の議員や地方公共団体の長の選出は、住民による直接選挙によるべきことを求めています。このように、憲法や地方自治法などの法律によって設置が義務づけられている組織もあります。

自治行政権とは、地方公共団体は、自ら処理する事務の範囲を設定し、実際にその事務を処理する権限を持つことをいいます。ただし、地方公共団体は収益の追求が本来の目的ではないことから、収益的な事業を行う場合は、他の民間事業者への配慮が要求されるなど、一定の制約があります。

自治財政権とは、事務の遂行に必要な財源を国や他の地方公共団体に依存することなく調達できる権限をいいます。たとえば、地方税などの賦課徴収、地方債の発行、手数料の徴収などを地方公共団体が独自に行うことができます。

地方公共団体の事務

かつての地方公共団体が担う事務には、地方公共団体自身の事務の他に、機関委任事務というものが存在していました。地方公共団体は、機関委任事務にあたる国の事務については、国の出先機関としてその事務を担当し、指揮監督権を通じて国が広範に関与する体制の中で事務処理を行うしくみが採用されていました。しかし、地方分権一括法の施行に伴い、2000年に機関委任事務が廃止され、それ以降、地方公共団体の事務は自治事務と法定受託事務に分類されています。

自治事務とは、法定受託事務以外の地方公共団体の事務のことです。つまり、地方公共団体の事務は自治事務であることが原則となります。

● 地方公共団体の事務 ●

```
地方公共団体 ─┬─ 自治事務
の事務      └─ 法定受託事務 ─┬─ 1号法定受託事務
                              │  ⇒ 本来国が行う事務
※ 法律や政令の範囲内で、国などによる  └─ 2号法定受託事務
   関与が認められる                      ⇒ 本来都道府県が行う
                                         事務
```

一方、**法定受託事務**については、地方自治法2条9項において「1号法定受託事務」と「2号法定受託事務」の2つを規定しています。

1号法定受託事務とは、国が本来担うべき事務のうち、法律や政令の規定に基づき、都道府県、市町村、特別区が処理することが適切であると判断された事務のことです。たとえば、国政選挙、旅券の交付、戸籍に関する事務があてはまります。

2号法定受託事務とは、都道府県が本来担うべき事務のうち、法律や政令の規定に基づき、市町村や特別区が処理することが適切であると判断された事務のことです。たとえば、都道府県知事や地方議会議員の選挙に関する事務があてはまります。

法定受託事務は、前述した機関委任事務と異なり、あくまでも地方公共団体自身の事務である点が重要です。地方公共団体は、法定受託事務の処理に関する国の出先機関ではないため、国による広範な指揮監督に服するわけではありません。しかし、自治事務と比べると、法定受託事務の方が、国などによる関与の範囲が広いことに注意が必要です。

一方、自治事務であっても、完全に国の関与から解放されるわけではなく、助言や是正の要求を受けることがあります。

6 地方公共団体の組織

首長主義とは

　地方公共団体の組織の中核を担うのは、①議事機関として設置され、住民が直接選挙により選出した地方議員から構成される地方議会、②執行機関として設置され、住民が直接選挙により選出した地方公共団体の長（都道府県知事、市町村長、特別区長）という2つの機関です（憲法93条）。

　そして、地方自治法は憲法の規定を受けて、首長主義を採用しています。首長主義とは、議事機関としての地方議会と、執行機関としての地方公共団体の長（首長）は、ともに住民により直接選出されて設置される住民の代表機関であり、両者は権限の配分などにおいて対立する関係の中で、相互に均衡と抑制を図りながら地方自治を運営していくとする考え方をいいます。地方議会とともに地方公共団体の長も住民に対して直接責任を負うことから、首長主義は二元代表制とも呼ばれています。

地方議会とは

　地方議会を構成する地方議員については、18歳以上の日本国民のうち引き続き3か月以上市町村の区域内に住所を持つ人に対して、その市町村の地方議員の選挙権が与えられます。

　一方、地方議員の被選挙権は、その市町村の地方議員の選挙権を持つ人のうち25歳以上の人に認められます。

　地方議会の会議には、定例会と臨時会という種類がありますが、定例会と臨時会の区分をせず、いつでも会議を開ける状態とする通年会期制を採用することも可能です。

第2章 行政組織法

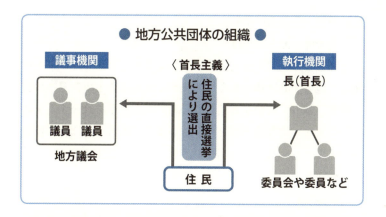

議事の進行については、地方議員の中から議長・副議長を1名ずつ選出して担当させます。また、地方議会には、条例に基づく常任委員会、議会運営委員会、特別委員会を設置することができます。常任委員会が設置された場合、地方議員は少なくとも1つ以上の常任委員になることが多いようです。

地方議会の権限

地方議会の主な権限は以下の4つです。その他にも、会議規則（地方議会の運営に関する取り決め）の制定や、地方議員の懲罰といった内部事項に関する権限も持ちます。

① 議決権

地方議会の権限のうち最も重要なものが議決権です。地方議会は、条例の定めで地方議会が議決すべき事件としたものを議決するのが原則です（任意的議決事件）。しかし、条例の定めがなくても、地方公共団体の重要事項については、地方議会が必ず議決を行わなければなりません（必要的議決事件）。たとえば、条例の制定や改廃、予算の議決、決算の認定、地方税の

賦課徴収、手数料の徴収などに関する事件が挙げられます。

② **検査権・監査請求権**

検査権とは、地方公共団体の事務に関する書類や計算書を検閲し、地方公共団体の長などの報告を求めることで、その事務の管理、執行、出納が適正に行われているのかを検査する権限をいいます。監査請求権とは、監査委員（地方公共団体の監査機関）に対して地方公共団体の事務に対する監査を求め、その結果の報告を求める権限をいいます。

③ **調査権**

調査権とは、地方自治法100条に基づき、地方公共団体の事務全般を調査する権限のことで、一般に100条調査権と呼ばれています。これは国政調査権に相当する強力な権限で、関係人の出頭、証言、記録の提出を求めることができます。

④ **地方公共団体の長の不信任決議**

議員数の3分の2以上の議員の出席の下で、その4分の3以上の議員が賛成した場合は、地方公共団体の長に対して不信任決議を提出することができます。

執行機関

執行機関とは、地方公共団体の事務の管理・執行を担当する機関をいいます。具体的には、地方公共団体の長（首長）、地方自治法に基づいて設置される各種の委員会や委員を指します。

各種の委員会や委員は、地方公共団体の長から独立して、自らの責任と判断に基づき、行政事務を管理・執行する責任を負います。これを執行機関の多元主義と呼んでいます。

地方公共団体の長の被選挙権は、都道府県知事は30歳以上の人、市町村長は25歳以上の人に与えられます。選挙権につ

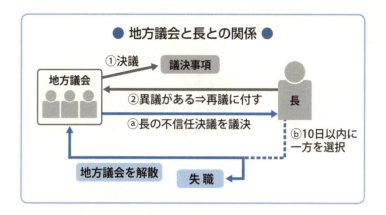

いては地方議員の選挙権と同様です。地方公共団体の長には、その地方公共団体の事務を管理・執行する上での包括的な事務処理権限の他、地方議会に対する議案提出権もあります。

これに対して、委員会や委員は、必ず設置すべき委員会や委員として、教育委員会、選挙管理委員会、人事委員会（公平委員会の場合もあります）、監査委員などが挙げられます。

長と地方議会との関係

地方公共団体の組織は首長主義を採用する一方で、議院内閣制に類似した制度も設けています。この点から、大統領制とは異なる制度であることに注意が必要です。

具体的には、地方公共団体の長は、地方議会の議決に異議がある場合などに、地方議会に対して再議（審議のやり直し）を求めることができます。また、地方議会の権限として、長の不信任決議権を持つことは前述しました。不信任決議の提出を受けた長は、10日以内に地方議会を解散できますが、解散しなければ、長は当然に失職します。

7 条例制定権

地方公共団体の条例制定権

　条例とは、地方公共団体の議会が制定することができる独自の法形式のことをいいます。憲法94条は、地方公共団体に対して「法律の範囲内で」条例を制定できると規定し、地方公共団体の条例制定権を認めています。この憲法の規定を受けて、地方自治法14条1項は、地方公共団体が「法令（法律や命令）に違反しない限り」において条例を制定できると規定しています。このように、条例を制定する権限は地方公共団体の事務のひとつであり、これを自治立法権と呼んでいます。

　条例制定権における「法律の範囲内で」「法令に違反しない限り」の意味については、法令に違反しない範囲で条例制定権を行使することができる、という意味だと考えられています。つまり、法律による委任がある事項について条例を制定することができるだけでなく、法律による委任がない事項についても、法令の規定に違反しない限り、地方公共団体は自主的に条例を制定することができます。

　しかし、地方議会が制定する条例は、地域の行政需要に関する事務について制定される性質上、外交や防衛などの国が担当する事務に関して条例を制定することはできません。

　また、法定受託事務については、あくまで地方公共団体の事務として扱われていますので、自治事務に関する条例だけでなく、法定受託事務に関する条例を制定することも許される点に留意する必要があります。

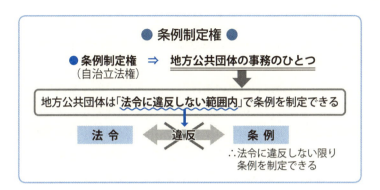

法律と条例の関係

 地方議会が制定する条例について、とくに議論がなされた問題として、国会が制定する法律との関係が挙げられます。

 かつては、法律が規定の対象にする領域については、法律による委任がある場合を除き、条例を制定することが許されないと考えられていました。これを法律の先占論といいます。

 しかし、法律の先占論によると、地域の実情を考慮して制定された条例が、後から制定された法律によって違法になるおそれがあるとの問題点が指摘されました。たとえば、条例が厳しい規制を設けていた領域について、後から法律が緩やかな規制を設けると、先に制定していた条例が無効になってしまうことが問題視されていました。そのため、現在では法律の先占論は支持されていません。

最高裁判所の立場

 最高裁判例も、法律の先占論は採用せず、法律と条例の関係については、条例の規制対象が法律と同一の場合であっても、法律と異なる目的から規制を設ける場合には、条例による規制

が許されると考えています。そして、法律と条例の規制目的を考慮する際には、それぞれの趣旨、目的、内容、効果を比較して検討する必要があるという基準を示しています。

さらに、最高裁判例は、法律と条例が同一目的で規制を設けているとしても、法律の趣旨を考慮して、法律の規制が全国一律の規制を施すことを求める趣旨ではなく、規制の最小限度を示したにすぎないと考えられる場合には、規制対象と規制目的が法律と同一である条例を制定することが許されると考えています。つまり、地域ごとの独自の事情を考慮して、法律よりも厳しい規制内容を条例で設けることが許される場合があるということです。

問題になる条例の類型

具体的に法律との関係性が問題になる条例の主な類型として、上乗せ条例と横出し条例の2つを挙げることができます。

① **上乗せ条例**

上乗せ条例とは、法律と同一目的から、法律よりも厳しい規制内容を設けている条例をいいます。たとえば、工場を設置するにあたり、法律では届出を要求しているのに対し、条例では許可の取得を要求している場合などが挙げられます。上乗せ条例については、法律による規制が、他の規制を許さないような規制の最大限度を規定した趣旨でない場合に、上乗せ条例が法律に違反しないことになると考えられています。

② **横出し条例**

横出し条例とは、法律と同一目的から、法律が規制を設けていない事項について、一定の規制を及ぼしている条例をいいます。たとえば、法律が規制を設けていない環境に悪影響を与え

● 法律と条例の関係 ●

法律と条例の関係
- 規制対象が法律と同一の場合、法律とは異なる目的であれば、条例による規制が許される
- 法律の趣旨を考慮して、その法律の規制が全国一律の規制を施すことを求めていなければ、規制目的も規制対象も法律と同一である条例を制定することが許される

【上乗せ条例】　　　　　【横出し条例】
⇒法律の規制に上乗せ　　⇒法律が規制しない事項を規制

| 条例の規制（上乗せ条例） | 法律の規制 | 条例の規制 |
| 法律の規制 | | （横出し条例） |

る物質について、条例によってその物質の排出を禁止する場合などが挙げられます。横出し条例については、規制を設けていない法律の規定が、後から規制対象が追加されることを禁止するような趣旨ではない場合に、その横出し条例が法律に違反しないことになると考えられています。

条例による罰則の規定

　法律と条例の関係については、条例によって罰則（懲役・罰金などの刑罰や過料の総称）を定めることの可否が問題となります。なぜなら、憲法31条が「法律の定める手続によらなければ、……刑罰を科せられない」と規定するからです。

　この点は、地方自治法14条3項が、条例の中に一定の範囲内の罰則を設けることを認めています。したがって、法律による委任がないとしても、この規定に基づき、条例によって罰則を設けることが可能であると考えられています。

8 住民と直接請求

住民の権利とは

　地方公共団体の事務は、住民の選挙で選ばれた議員で構成される地方議会の議決権行使に基づき、同じく住民の選挙で選ばれた地方公共団体の長が中心となって事務を執行します。これを間接民主制といいます。

　しかし、地方の政治は、その地域の住民自身が行うという考え方（住民自治）が地方自治の根底にあります。そこで、住民が地方議会や長の行動を監視・監督できる制度を設けて、間接民主制の欠点を補うとともに、住民の意思をより反映した事務の執行を求めるために、直接民主制の要素を持っている直接請求権が認められています。

　以下では、直接請求権の内容を見ていきますが、住民の権利には、その他にも住民訴訟などが認められています。住民訴訟は行政事件訴訟のひとつなので、第7章で取り上げます。

直接請求権の内容

　直接請求権は、主に以下の4つに分類されます。解散・解職請求（リコール）まで認められていることから、直接請求権は重要で強力な住民の権限であるといわれています。

① 条例に関する請求

　総有権者数（地方公共団体の住民のうち議員や長の選挙権を持っている人の総数）の50分の1以上の署名（連署）を集めた人は、地方公共団体の長に対して、条例の制定や改廃を請求することができます。

第2章 ■ 行政組織法

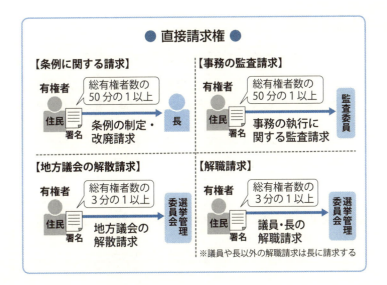

② 事務の監査請求

条例に関する請求と同数の署名を集めた人は、監査委員に対して、その地方公共団体の事務の執行に関する監査をするように請求することができます。

③ 地方議会の解散請求

原則として、総有権者数の3分の1以上の署名を集めた人は、選挙管理委員会に対して、地方議会の解散を請求することができます。この請求がなされた場合は住民投票が行われ、過半数が賛成すると議会は解散することになります。

④ 解職請求

地方議会の解散請求と同様の手続に従い、地方公共団体の議員、長、執行機関の役員などの解職請求をすることができます。ただし、議員や長を除いた執行機関の役員などの解職請求は、請求先が長となります。

Column

国と地方公共団体の事務の役割分担

　地方公共団体の事務は、自治事務と法定受託事務に分類できると本文において説明しました。ここでは、国と地方公共団体の役割分担が、およそどのような基準によって分類されているのかを見ていきます。国と地方公共団体の役割分担を考える上では、地方分権という用語が重要になります。

　地方分権とは、地方公共団体に広い自主性を認め、多くの行政事務の処理権限を与えることをいいます。これは、行政事務を利用者の視点から考えた場合、利用者の住む地域に根付き、利用者の実情にも詳しい市町村や都道府県といった地方公共団体の方が、国よりも適切に事務を処理することが期待できるという考え方に基づいています。

　そして、2018年6月までに第8次までの地方分権一括法が成立しています。たとえば、幼保連携型認定こども園以外の認定こども園の認定などに関する事務処理権限が、第7次では都道府県から指定都市（政令指定都市）に、第8次では都道府県から中核市に移譲されています。

　以上のように、地方分権が進むことで、地方公共団体は多くの事務処理権限を担うようになります。しかし、地方分権が進んでも、なお国が果たすべき行政事務として、外交や防衛など国家の基礎的な存立に関わる事務や、地方ごとに異なる基準を設けるのが望ましくない分野における統一的な基準の設定などが挙げられます。たとえば、労働基準法が規定する最低基準などは、地方ごとに異なるべきではなく、労働条件の改善は全国的に達成されるべき問題ですから、国が処理すべき事務となります。

第3章

行政による行為形式

1 行政基準

行政基準（行政立法）とは

　行政活動が実現されていく過程において、法律に従って執行されることは大前提です（法律による行政の原理）。しかし、実際の行政実務では、法律が規定する大枠のみでは不十分で、法律の執行に必要となる基準を、行政自身が決定する必要がある場面が少なくありません。このように、法律で規定された事項を実現する上で、行政機関が自ら定立する基準のことを行政基準といい、行政基準を定立することを行政による基準設定行為といいます。かつては行政立法と呼ぶのが一般的でしたが、現在では行政基準と呼ぶことが多くなっています。

　行政基準は、その定立する内容に応じて、法規命令と行政規則に分類することができます。もっとも、個々の行政基準を法規命令と行政規則とに絶対的に区別することは、現在では困難になりつつあります。

法規命令とは

　法規命令とは、行政基準のうち国民の権利義務に関わる規範（ルール）を含むものをいいます。法律による行政の原理として、法律の留保に関する侵害留保説を紹介しましたが、法規命令は国民の権利義務に関わることから、これを定立する場合には法律の根拠が必要となります。

　法規命令が必要になる理由は、法律はその性質上、制定や改正に時間を要することから、一般的・抽象的な規定とせざるを得ず、行政実務の上では、具体的状況に応じた臨機応変な対応

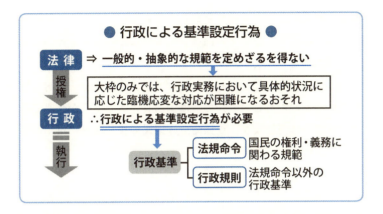

に支障が生ずることがあるためです。法律は国会による審議が必要であり、制定・改正をするのに年単位の時間がかかる場合もあります。しかし、法規命令は行政自身が必要に応じて容易に改正することが可能です。そこで、行政が法律の執行にあたって必要になる法規命令を自ら定立することで、臨機応変な行政の運用を支えることができると考えられています。

法規命令は、委任命令、執行命令、独立命令の3つに分類されています。このうち独立命令とは、国会が制定する法律の根拠なく行政機関が制定する法規命令をいいます。しかし、法律の根拠なく法規命令を制定することはできないので(法律の留保)、現在では独立命令の制定は許されません。

委任命令と執行命令の区別

委任命令とは、法律の委任(法規命令の定めにゆだねるという法律の根拠があることを指す)に基づき、行政機関が国民の権利義務の内容を定める法規命令をいいます。これに対し、執行命令とは、法律の委任に基づき、国民の権利義務の内容を実

現するために必要な手続を定める法規命令をいいます。委任命令も執行命令も、政令・内閣府令・省令などの「命令」の形式によって制定されます。

そして、法律の委任の程度について、執行命令は一般的な授権で足りるのに対し、委任命令は個別具体的な授権が必要であると考えられています。委任命令は国民の権利義務に対する影響が大きいからです。そのため、とくに委任命令について、法律が委任の目的・内容・程度を明らかにせず、いわば「丸投げ」をする形で、すべてを委任命令の定めにゆだねることはできません。これを白紙委任の禁止といいます。

また、個別具体的な授権に基づいて制定された委任命令の規定が無効となることもあります。たとえば、法律が委任命令の定めにゆだねた目的・内容・程度を考慮して、行政機関が法律の委任の範囲を超える委任命令を制定したと判断されると、その委任命令の規定が無効となります。この論理によって、一部医薬品のネット販売を禁ずる委任命令の規定を、法律の委任の範囲を超えるとして無効とした最高裁判例があります。

行政規則とは

行政規則とは、行政基準のうち国民の権利義務に関わらない規範（ルール）をいいます。法律の留保に関する侵害留保説によれば、法規命令とは異なり、行政規則を制定する際に、必ずしも法律の根拠は必要でないと考えられています。

行政規則は訓令・通達の形式をとるのが典型的です。訓令は行政機関内部において出される命令をいい、これを文書化したものが通達であると取り扱うのが一般的です。訓令・通達の主な目的は、法令を解釈する方法として共有すべき解釈基準を、

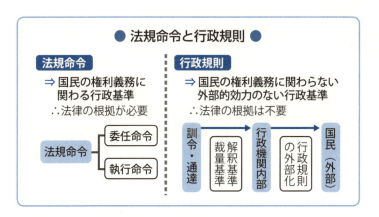

行政機関内部に示すことにあります。一体的な行動が求められる行政機関において、通達で示された解釈基準に逸脱した公務員は、懲戒処分の対象になるおそれがあります。

我が国は通達行政といわれるように、訓令・通達が行政実務の運用において大きな役割を担っています。また、処分をするか否かについて行政庁に裁量が認められる場合、訓令・通達が裁量権の行使について裁量基準を示していることもあります。

行政規則の外部化が指摘されている

行政規則は、解釈基準や裁量基準などとして用いられ、行政機関内部を対象とする規範（ルール）です。したがって、最高裁判例では、国民など行政機関外部に対する法的な効力は否定されています。しかし、行政実務においては、課税など国民の権利利益に関わる事項が、実際には通達をはじめ行政規則によって決定されており（通達行政）、行政規則にも外部に対する法的な効力を認める余地があることが指摘されています。これを行政規則の外部化と呼んでいます。

2 行政行為の意義・分類

行政行為とは

　法律や行政基準により、国民の権利義務に関わることが決められても、その内容は個々の国民に対して具体的な影響を及ぼすものではなく、抽象的なものにとどまります。

　たとえば、租税立法を定立すると、国民は租税の支払義務を負いますが、具体的に「○○円」の支払義務を負うことが決まるわけではありません。そこで、個々の国民に「○○円」という具体的な支払義務を負わせる課税処分などの行為が行政行為と呼ばれるものです。行政行為とは、行政庁が法令に基づき、その一方的な判断によって、個別的・具体的に国民の権利義務を規律する行為であると定義されています。この定義から、行政行為について3つの特色を挙げることができます。

　まず、①行政行為は国民の権利義務を決定する法的効果を生じさせるという点です。その点で、法的効果を生じさせない行政指導などの事実行為と区別されます。行政法の領域における事実行為（事実上の行為）とは、権利義務の決定といった法的効果を生じさせない行為を指します。

　次に、②行政行為の相手方は個別的・具体的な個人（会社などの法人の場合もあります）であり、法的効果もその個人に対して発生するという点です。その点で、一般的・抽象的な相手方を対象とする行政基準や行政計画と区別されます。

　そして、③行政行為は行政庁の一方的な意思表示で国民の権利義務を決定するという点です。その点で、国民との合意に基づいて権利義務を決める行政契約と区別されます。

● 行政行為の意義 ●

行政庁（税務署長など） —【行政行為】（課税処分など）→ **国民**

行政行為の特色
① 国民の権利義務の内容を決定する法的効果がある
② 法的効果が個別具体的な個人（法人）に発生する
③ 行政庁の一方的な意思表示によって国民の権利義務を決定する

行政行為と処分との関係

　行政行為というのは学問上の言葉で、これに相当する概念として、法令上は処分（行政処分）という用語が広く使われています。たとえば、行政事件訴訟法3条2項では、処分とは「行政庁の処分その他公権力の行使に当たる行為」であると定義しています。

　行政行為と処分（行政処分）の関係は、行政行為には事実行為が含まれないのに対し、処分については「その他公権力の行使に当たる行為」にあたることを理由に事実行為を含む場合がある（⇨136頁）など、完全に一致する概念ではありません。しかし、基本的には一致する概念であると押さえておいて問題ないでしょう。

行政行為の分類

　前述のように、行政行為は処分（行政処分）と基本的に一致する概念であるため、行政行為の分類については、処分の分類に応じたさまざまな視点からの分類が可能です。
　まず、行政行為の対象が人である対人処分と、物が対象であ

る対物処分に分類することができます。たとえば、自動車の運転を希望する人に対する運転免許は対人処分の例として、違法建築物の除却命令は対物処分の例として挙げられます。

次に、重要な分類方法として、授益的処分と侵害的処分の区別があります。授益的処分とは、行政庁が特定の国民に対して何らかの利益を与える行政行為をいいます。たとえば、行政庁が生活保護開始決定をした場合、生活保護を申請した国民は生活保護費を受給するという利益を受けるので、生活保護開始決定は授益的処分にあたります。これに対して、侵害的処分とは、行政庁が特定の国民に対して直接に権利を制約したり、義務を課したりする行政行為をいいます。たとえば、所得税・住民税・法人税といった税金の課税処分や、違法建築物の除却命令などが挙げられます。

さらに、行政手続法は、その適用対象となる処分について、許認可の申請を認めるかどうかを決定する申請に対する処分と、いったん認めた許認可の停止あるいは取消しなどをする不利益処分という分類を行っています。不利益処分は国民の権利を制約するものなので、侵害的処分に相当します。

法律行為的行政行為と準法律行為的行政行為

民法においては、権利の発生・変更・消滅といった法律効果を望む意思（効果意思）の有無に応じて、効果意思の存在する法律行為と、効果意思は存在しないが特定の行動に対して法律が法的効果を認めている準法律行為に分類しています。

この法律行為と準法律行為の分類を応用し、行政行為を法律行為的行政行為と準法律行為的行政行為の2つに大きく分けるのが伝統的分類です。

第3章 ■ 行政による行為形式

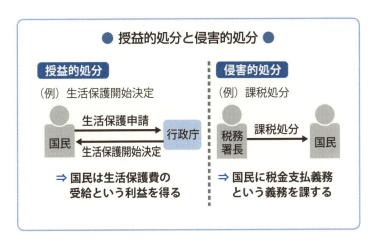

　まず、行政庁の効果意思のとおりの法律効果が発生する法律行為的行政行為は、命令的行為と形成的行為に分類されます。
　命令的行為の中には、国民が本来持っている権利や自由を禁止する下命(かめい)や、その禁止を個別の申請に基づいて解除する許可などがあります。自動車の運転免許は、許可の代表例です。
　形成的行為の中には、国民がもともと持っていない権利や自由を特別に創設する特許や、国民相互間による法律行為(契約など)を補充して完成させる認可などがあります。国籍法上の外国人の帰化の許可は特許にあたり、農地法上の農地の権利移転の許可は認可にあたります。特許や認可などの言葉については、伝統的分類と法律上の使用例が異なることがあります。
　これに対し、行政庁の行動によって法律が定める法的効果が発生する準法律行為的行政行為の中には、公の権威をもって特定の事実を判断する確認や、特定の事実を公に証明する公証などがあります。行政不服申立てに対する裁決や決定は確認の代表例、選挙人名簿への登録は公証の代表例です。

3 行政行為の効力

公定力は最も重要な行政行為の効力

　行政行為は、行政庁と国民との関係における特殊な行為であることから、特別な効力が認められると考えられています。行政行為の効力は、公定力、不可争力、自力執行力、不可変更力に分類されており、とくに重要となる効力が公定力です。

　公定力とは、仮に違法な行政行為であっても、行政庁が任意にその行政行為を取り消すか、不服申立てや訴訟の手続を経ることでその行政行為が取り消されるまでは、その行政行為の効力を否定することができないとする効力をいいます。

　現在の通説は、公定力の根拠として行政事件訴訟法が規定する取消訴訟の存在を挙げています。国民側が行政行為の取消しを求めて訴訟をする場合は、必ず取消訴訟を提起する必要があります。これを取消訴訟の排他的管轄といい、行政庁の側が自ら行政行為を取り消さない限り、最終的には取消訴訟の手続を経て、はじめて行政行為の効力が否定されます。つまり、公定力の効果として、たとえ違法な行政行為であっても、取消訴訟によって取り消されるまでは、有効な行政行為として取り扱われるということです。

　例外として、重大かつ明白な瑕疵がある行政行為は当然に無効とされ（重大明白説）、公定力が及びません（⇨60頁）。

公定力が及ばない事項

　行政行為の公定力というのは、あくまで行政上の法律関係において、違法と思われる行政行為であっても、行政庁や裁判所

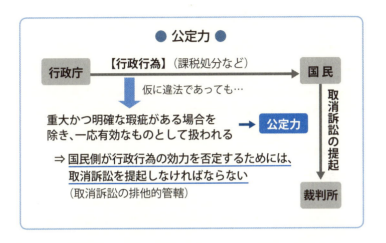

といった権限のある機関が取り消すまでは、一応有効なものとして取り扱うという効力にすぎません。

たとえば、刑事訴訟の中で行政行為の効力が問題になった場合に、公定力が被告人の犯罪行為の成否に関する判断に影響を与えるのかという問題が生じます。

最高裁判例は、取消訴訟を経ていないとの理由から行政行為を有効であるとは判断せず、被告人の犯罪行為が成立するか否かという観点から、刑事訴訟の中で問題とされる行政行為が違法であると判断した上で、被告人に無罪判決を言い渡しました。刑事訴訟では犯罪行為を被告人が行ったか否かが重視されるという特殊性があるため、公定力を刑事訴訟の中で考慮するのは適切でないと考えられています。

また、公務員の違法行為により国民が損害を被った場合、その国民は国や公共団体に対して国家賠償請求訴訟を提起することができます。そして、行政行為が原因で生じた損害について国家賠償請求訴訟が提起されたとしても、その訴訟では行政行

為をした公務員の行為の違法性が問題とされ、行政行為の効力自体は否定されません。

この点から、国家賠償請求訴訟を提起する場合に、あらかじめ取消訴訟を提起して、行政行為の取消判決を得ておく必要はないとするのが最高裁判例です。

不可争力とは

不可争力とは、一定期間を経過すると、国民側から行政行為の効力を否定することができなくなる効力をいいます。

行政事件訴訟法は、処分を知った日から6か月あるいは処分の日から1年を経過すると、取消訴訟の提起ができなくなると規定しています。これを出訴期間といいます。出訴期間が経過すると、国民側から取消訴訟を提起して行政行為の効力を争うことができなくなり、行政行為の効力が確定するという効果が生じます。これを形式的確定力と呼ぶこともあります。

行政行為の効果は公共的な要素が含まれており、多くの国民の権利義務関係に影響を与える可能性があります。そのため、行政行為の効力をいつまでも不安定な状況に置くべきではなく、出訴期間の規定により、その効力を覆すことができる期間を制限するのが、不可争力なのです。

もっとも、行政庁の側から行政行為を取り消す場合は、不可争力が及びません。また、重大かつ明白な瑕疵がある行政行為については、その行政行為が当然に無効とされる結果、不可争力が生じないことにも注意が必要です。

自力執行力とは

自力執行力とは、行政庁が他の機関（裁判所など）の助けを

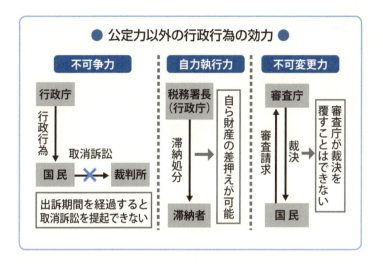

借りることなく、法律の規定に基づいて、単独で行政行為の内容を実現することができる効力をいいます。自力執行力は、これを認める法律の根拠を必要とする点に注意が必要です。

たとえば、課税処分によって賦課された所得税の滞納がある場合に、国税徴収法に基づいて、滞納処分（行政行為）として滞納者の財産を差し押さえる際には、裁判所の強制執行手続を経る必要がありません。

不可変更力

不可変更力とは、一度行った行政行為について、その行政行為を行った行政庁自身が、後から変更することができない効力をいいます。もっとも、不可変更力はあらゆる行政行為に認められる効力ではなく、行政不服審査法に基づく審査請求に対して審査庁が行う裁決など、争訟裁断作用を持っている行政行為にのみ認められる効力であると考えられています。

4 行政行為の瑕疵

行政行為の瑕疵とは

　行政行為が法令の規定する内容や方式に違反している場合、その行政行為は違法な行政行為にあたります。

　また、行政行為は公益的な目的が強いものですから、法令に違反しているわけではなくても、その内容や方式が公益という観点から考慮すると不適切である場合、その行政行為は不当な行政行為にあたるということができます。

　これらの違法な行政行為や不当な行政行為をあわせて、行政行為の瑕疵あるいは瑕疵ある行政行為と呼んでいます。

行政行為の瑕疵の分類

　行政行為の瑕疵、つまり行政行為の違法性や不当性は、その内容、主体、手続、判断過程などをめぐって問題になります。

　内容の瑕疵とは、行政行為の内容に誤りがある場合や、行政行為の内容が不明確である場合をいいます。たとえば、行政行為の根拠となる法律に規定されている要件を充たしていないのに、その要件を充たしているとして行政行為が行われた場合などが挙げられます。

　主体の瑕疵とは、行政行為を行う権限を持たない者が、その行政行為を行った場合をいいます。たとえば、文部科学大臣が行政行為をする権限を持っている事項について、財務大臣が権限を行使して行政行為を行った場合などが挙げられます。

　手続の瑕疵とは、法令が規定する手続を経ずに行政行為が行われた場合をいいます。たとえば、行政行為に先立ち、その相

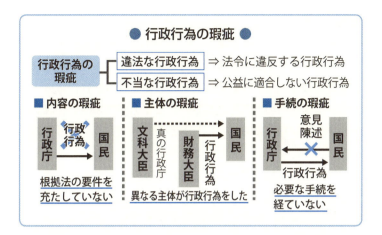

手方に意見陳述の機会を与えなければならないのに、意見陳述の機会を与えずに行政行為を行った場合などが挙げられます。

その他、行政庁が法令によって与えられた権限を濫用した場合など、行政行為に至るまでの行政庁の判断過程の中に、何らかの違法性・不当性が入り込んだ場合を判断過程の瑕疵と呼ぶことがあります。判断過程の瑕疵については、原則として判断過程審査によって違法性・不当性が判断されます（⇨ 67 頁）。

なお、違法な行政行為と不当な行政行為は、その取扱いが異なります。大まかに言うと、違法な行政行為は、訴訟の対象となるので、最終的には訴訟による取消しへと向かいます。これに対し、不当な行政行為は、訴訟の対象とならないため、基本的に行政庁自身による是正が期待されます。

取消事由と無効事由

行政行為の瑕疵（とくに違法な行政行為）は、その瑕疵の大きさに応じて、取消事由のある行政行為と無効事由のある行政

行為に分類されます。取消事由と無効事由を区別する上では、行政行為の効力として説明した公定力が関わってきます。

つまり、取消事由のある行政行為とは、権限ある機関が取り消すことによって、はじめて効力が否定される行政行為をいいます。取消事由のある行政行為には公定力が及ぶので、取消訴訟の排他的管轄によって、国民側がその効力を否定するためには、取消訴訟を提起することが要求されます。

これに対し、無効事由のある行政行為とは、瑕疵の程度が極めて大きく、直ちにその効力を否定することが認められる行政行為をいいます。無効事由のある行政行為には公定力が及ばないので、取消訴訟を経なくても、その行政行為が無効であることを主張することができます。

無効事由のある行政行為の判断基準

行政行為に無効事由があると判断するためには、どの程度の瑕疵が必要となるのでしょうか。最高裁判例は、行政行為の瑕疵が重大かつ明白である場合に、その行政行為に無効事由があると考えています。この考え方を重大明白説といいます。重大明白説によると、行政行為の瑕疵が重大かつ明白であるか否かによって、無効事由のある行政行為と取消事由のある行政行為とを区別することになります。

また、重大明白説において瑕疵が重大である（瑕疵の重大性ともいいます）とは、行政行為の根本的な要件や重要な要件に誤りがあることを指すと考えられています。たとえば、所得のない人に対して所得税の課税処分をすることは、所得税の根本的な要件である「所得があること」に違反しているので、瑕疵の重大性が認められます。

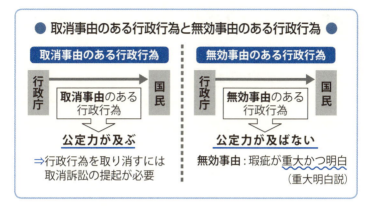

そして、瑕疵が明白である（瑕疵の明白性ともいいます）とは、行政行為の外形上から、一見して明らかに誤りがあるといえる場合を指すと考えられています（外観上一見明白説）。つまり、権限ある機関（裁判所など）が判断するまでもなく、誰が判断しても「その行政行為には瑕疵がある」という同じ結論に達することができるといえる場合に、瑕疵の明白性が認められることになります。

瑕疵の治癒と違法行為の転換

行政行為に瑕疵がある場合は、その効力が否定されるべきですが、例外的にその効力が維持されることがあります。

まず、瑕疵ある行政行為が行われた後、その瑕疵が是正された場合（追完といいます）は、瑕疵のない行政行為として扱われることがあります。これを瑕疵の治癒といいます。

次に、行政行為Aとしては瑕疵があるのに、行政行為Bとしては瑕疵がないとき、行政行為Bが行われたとみなすことが許される場合があります。これを違法行為の転換といいます。

5 行政行為の取消し・撤回

行政行為の取消しの必要性

瑕疵ある行政行為は、法律による行政の原理によれば、そのまま放置することは許されず、取り消されるべきものです。行政行為の取消しについては、取消しを行う主体に応じて、争訟取消しと職権取消しに分類されています。行政行為の取消しが行われた場合は、行政行為が行われた時点までさかのぼって、その効力が失われます。これを遡及効といいます。

争訟取消しとは

争訟取消しとは、国民側から瑕疵ある行政行為の取消しを求めることをいいます。瑕疵ある行政行為については、行政不服審査法に基づき、法定の行政機関に対して取消しを求める不服申立てをすることができます。さらに、違法な行政行為であれば、行政事件訴訟法に基づき、裁判所に対して取消しを求める取消訴訟を提起することも認められます。

職権取消しとは

職権取消しとは、行政庁の側が自ら瑕疵ある行政行為の効力を失わせることをいいます。たとえば、学科試験不合格の人に与えた瑕疵のある運転免許を取り消す場合などです。職権取消しを行うことができるのは、行政行為をした行政庁（処分庁）か処分庁の監督権限がある行政庁（監督庁）であると考えられています。また、職権取消しは行政活動の適法性・妥当性を回復させる性質があるため、法律の根拠は不要です。

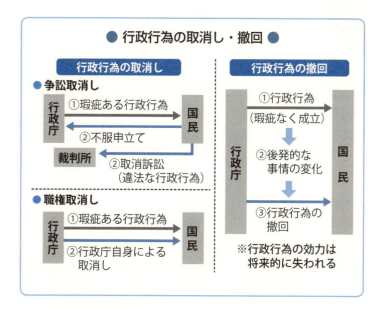

行政行為の撤回とは

行政行為の撤回とは、瑕疵なく成立した行政行為について、後発的な事情の変化を理由に、その行政行為の効力を将来的に失わせることをいいます。たとえば、適法に運転免許を取得した人について、違反点数の累積（後発的事情）を理由に、運転免許の取消しを行う場合などです。このように、法令上は「取消し」と規定しているものが、学問上は行政行為の撤回にあてはまる場合が多いと言われています。

行政行為の撤回を行うことができるのは、処分庁に限定されると考えられています。また、撤回も適法性・妥当性の回復という性質があるので、法律の根拠は不要です。そして、撤回の効力は、将来に向かって生じることになり（将来効といいます）、遡及効は認められません。

6 行政裁量

行政裁量とは

　行政裁量とは、行政活動全般にわたって認められる行政独自の判断の余地をいいます。行政裁量については、行政行為における行政裁量の適法性が訴訟で争われることが多いため、本書では行政行為を念頭に置いて行政裁量を説明していきます。

　行政行為は、法律に基づき行われることが大前提ですが（法律による行政の原理）、行政行為をするための要件などを、あらかじめ法律ですべて規定するのは困難であり、細かく規定し過ぎてしまうと行政の弾力的運用の支障にもなりかねません。そこで、一定の判断の余地を行政側に認めています。

　ただし、行政裁量が認められるといっても、常に判断の余地があるとは限りません。法律が規定する行政行為の要件が一義的であり、行うべき行政行為が法律上特定される場合（**羈束行為**といいます）は、行政側に判断の余地がありません。

行政裁量の分類

　行政裁量は、行政行為の段階に応じて、大きく要件裁量と効果裁量に分類するのが伝統的な立場です。

　要件裁量とは、ある事実が法律の規定するどの要件に該当するのか、あるいは該当しないのかを判断する段階で、判断の余地を認める場合をいいます。

　たとえば、国家公務員法は、国家公務員に懲戒処分（行政行為）をするための要件のひとつとして「非行」を行った場合を挙げています。国家公務員Ａが休日に暴行事件を起こした事実

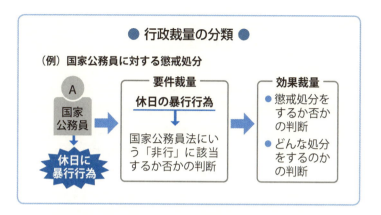

がある場合、その事実が「非行」に該当して、Aが懲戒処分の対象に含まれるのか、つまりAが懲戒処分の要件に該当するか否かを判断することが、要件裁量にあたります。

これに対し、効果裁量とは、行政行為をするための要件を充たしている場合に、行政行為を行うか否か、行政行為を行うとしてどのような行政行為を行うのかを判断する段階で、判断の余地を認める場合をいいます。

たとえば、前述の国家公務員に対する懲戒処分の事例で、Aが懲戒処分の要件である「非行」に該当すると判断した場合、Aに対し懲戒処分を行うか否かを判断します。もし懲戒処分を行うと判断した場合は、懲戒処分には戒告・減給・停職・免職という4種類があるため、暴行の程度を考慮して、Aに対しどの懲戒処分を選択するかを判断します。これらの判断を行うことが、効果裁量ということになります。

行政裁量の限界

行政事件訴訟法30条は、「行政庁の裁量処分については、裁

量権の範囲をこえ又はその濫用があつた場合に限り、裁判所は、その処分を取り消すことができる。」と規定して、行政裁量の限界を示しています。つまり、裁量権の逸脱あるいは濫用がある行政行為（処分）は違法になることを規定しています。

　裁量権の逸脱とは、法律が認める範囲を超えて裁量権が行使された場合をいいます。一方、裁量権の濫用とは、法律が認める裁量権の範囲内ではあるが、法律の趣旨に反する形で裁量権が行使された場合をいいます。もっとも、行政事件訴訟法は、裁量権の逸脱と濫用について異なる扱いをしているわけではなく、どちらも違法な行政行為として扱います。

　とくに裁量権の逸脱・濫用が問題になる場合として、比例原則違反が挙げられます。比例原則は効果裁量の場面で問題になることが多く、行政行為の原因となった事実に比べて、実際に行われた行政行為があまりに重いなど、その軽重の程度が著しく均衡を欠く場合に比例原則違反があると判断され、裁量権の逸脱・濫用が認められることになります。

　その他、法律の趣旨と異なる目的・動機で裁量権を行使する目的・動機違反、信義誠実の原則に反する信義則違反、国民側を不平等に取り扱う平等原則違反などが、比例原則違反とともに裁量権の逸脱・濫用の根拠になると考えられています。

　実際の訴訟では行政裁量が広く認められることが多く、社会観念をもとに判断を行い、著しく妥当性を欠く場合にのみ裁量権の逸脱・濫用を認める傾向にあります。しかし、行政裁量を広く認めることに対しては批判も強いところです。

判断過程審査とは

　最近では、実際に行われた行政行為の内容に着目し、行政裁

● 行政裁量の限界 ●

行政庁 → 国民

行政裁量の行使に基づく行政行為

裁量権の 逸脱 ・ 濫用 ⇒ 行政行為は違法

【逸脱・濫用の根拠】
比例原則違反、目的・動機違反、信義則違反、平等原則違反など

★判断過程審査★
・考慮すべき（考慮すべきでない）事項の不考慮（考慮）
・考慮した事項の過度な重視（軽視）

量を広く認める傾向の強い社会観念に基づく審査ではなく、行政行為に至るまでの判断過程に着目し、その合理性を審査することによって、より積極的に行政裁量を統制しようとする考え方が登場しています。この考え方を判断過程審査（判断過程の統制）といい、最高裁判例の採用例も増えています。

具体的には、裁量権の行使にあたって、考慮すべき事項を考慮していないか（考慮不尽）、反対に考慮すべきではない事項を考慮に入れていないか（他事考慮）、さらに考慮した事項を不当に重視あるいは軽視していないか、などを基準として裁量権の逸脱・濫用の有無を判断する手法です。

なお、判断過程審査に関連して、行政行為をいつ行うのかという時期に関して、行政庁に裁量権の行使を認めることができる場合があります。これを時の裁量と呼んでいます。最高裁判例においても、危険回避のために行政行為を一定期間にわたって留保し、行政行為をする時期を遅らせたことについて、行政庁の裁量権の行使として許される範囲内にとどまり、裁量権の逸脱・濫用にあたらないとしたケースがあります。

7 行政契約

行政契約とは

　行政契約とは、行政と国民（私人）との間で締結される契約のことをいいます。行政同士の間で行政契約が締結されることもあります。行政契約が締結されるときは、行政側が何らかの行政目的を持っている場合が多いといえます。

　たとえば、地方公共団体である市は、新たな役所を建設する目的がある場合、建設業者との間で、建物の建築請負契約を締結します。また、役所の中で事務処理をするために必要なパソコンを購入する目的がある場合、納入業者との間で、パソコンの売買契約を締結します。

　行政契約は、あくまで「契約」の一種ですから、行政側と国民とが対等な関係に立ち、合意に基づいて行政契約を締結するのが原則です。これまでに学習した行政行為は、行政側が一方的な意思表示によって、国民の権利義務関係に変動を与える性質を持ち、一般に行政側が優位に立っていることと比較すると、その差は著しいものがあります。

　行政活動には法律による行政の原理が及びますが、行政契約を締結する場合の行政側は、基本的に私法上の契約当事者と変わらないので、法律の根拠がなくても行政契約を締結することができます。そして、行政契約には民法などの私法が適用され、権利義務関係の形成において契約当事者の自由な意思が尊重されるのが原則です。つまり、契約を結ぶか否か、誰を相手に契約を結ぶか、どのような内容の契約を結ぶかについては、当事者の自由意思が重視されます（**契約自由の原則**）。

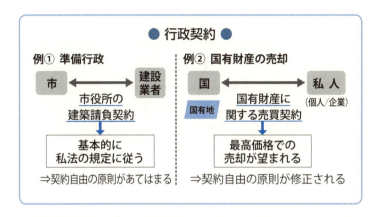

行政契約が用いられる場合

行政契約の例として、前述の市役所の建設や事務処理に必要なパソコンの購入のように、行政活動の遂行に必要な物品の調達を目的とする契約が挙げられます。このような行政契約は準備行政における契約とも呼ばれています。準備行政における契約は、原則として私人間で締結する契約と同様であるため、民法などの私法の規定に基づき法律関係が形成されます。

これに対し、国有財産（主に国が所有権を持つ不動産を指します）を売却する場合や貸し付ける場合のように、行政上の法律関係としての特色が強い契約類型も存在します。国が所有する不動産や動産などの管理・処分は、国有財産法や物品管理法などに基づいて行われるからです。

たとえば、国有財産法に基づき、行政目的で使用されていない国有財産（これを普通財産といいます）については、売却や貸付の対象にすることが認められています。ただし、普通財産の貸付契約を締結している期間中、その普通財産について行政目的で使用する必要性が生じた場合には、私法上の契約とは異

なり、民法などが規定する契約の解除事由（相手方の債務不履行など）がなくても、行政側から貸付契約を解除することが認められています。ただし、貸付契約の相手方に損失が生じるおそれがあるので、その場合に備えて損失補償に関する規定が置かれています。

行政契約の締結方式

行政契約の締結方式について、行政側が一方当事者として行政契約を締結する場合は、会計法に基づいて行われます。具体的には、行政側が売買・貸借・請負などの契約を締結する場合、その相手方の選定については、原則として一般競争入札によることが要求されています。一般競争入札とは、不特定多数の希望者を入札に参加させ、最も有利な条件を提供した相手方との間で契約を締結することをいいます。

私法上の契約であれば、契約自由の原則によって、契約の相手方を自由に選択することができます。しかし、行政上の法律関係の下では、特定の相手方を有利に扱うことや、反対に不利に扱うことは、平等原則違反として違法な行政活動であると判断されるおそれがあります。そのため、原則として一般競争入札の方式が採用されているのです。

なお、一般競争入札ではなく、例外的に指名競争入札（事前に選定した競争参加者の中から入札により契約の相手方を決める方法）などの方式によって、行政契約を締結することができる場合もあります。

行政契約と行政法の一般原則との関係

平等原則以外にも、行政契約の締結について、行政法の一般

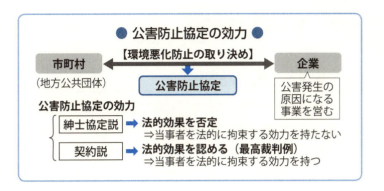

原則に従うことが求められる場合があります。国や地方公共団体の財政は、国民の税金が主な財源であり、使途の透明性や適正な取扱いが要求されるからです。たとえば、売買契約を締結して物品を取得する場合、不当に高価とならないようにすることが求められます（効率性の原則）。また、国有財産を売却する場合、財政にマイナスの影響を与えないように、同じ条件の中で最高価格による売買契約の締結が望まれます。

公害防止協定とは

公害防止協定とは、公害の発生防止を目的として、主に企業と地方公共団体との間で締結される協定をいいます。環境保護に関する法律の不備を補うため、企業による有害物質の排出を制限することなどを取り決めているのが特徴です。

公害防止協定の効力については、法的拘束力を持たないとする考え方（紳士協定説）もありますが、最高裁判例は、契約として当事者に対する法的拘束力を持つことを認めています（契約説）。ただ、公害防止協定は契約にとどまるため、企業の違反行為に対し代執行や行政罰などを行うことはできません。

8 行政指導

行政指導が必要になる理由

ある行政目的を実現する際に、行政庁が国民に対し行政行為をすると、その権利義務に影響を与えざるを得ず、国民側に権力的な印象を与えます。そこで、行政庁が国民にアドバイスなどを行い、行政側に対する任意の協力を求めることで、行政行為をしたのと同一の行政目的を達成するために生まれた行政活動の方式が行政指導です。

行政指導は、行政側にもメリットが大きいものです。行政指導は相手方に協力を求めるだけで、法的効果を持たない事実行為であることから、法律の根拠が不要であるとされ、柔軟かつ弾力的な行政活動を展開できることにつながるからです。

行政指導とは

行政指導とは何かについては、行政手続法2条6号が「行政機関がその任務又は所掌事務の範囲内において一定の行政目的を実現するため特定の者に一定の作為又は不作為を求める指導、勧告、助言その他の行為であって処分に該当しないもの」であると規定しています。

したがって、行政指導は「特定の者」に対して行われなければならず、不特定多数の人を対象に行う広報活動などは行政指導から除外されます。また、行政指導は「処分に該当しない」、つまり行政行為に該当しないものであるため、相手方の任意の協力を求める行為でなければならず、強制的に行政目的を実現することは許されません。

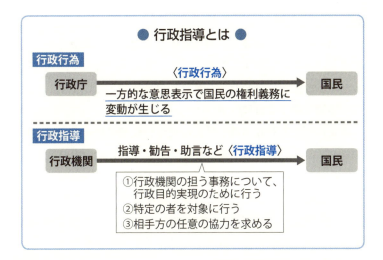

行政指導の類型

　行政指導の機能に基づき分類を行うと、規制的行政指導、助成的行政指導、調整的行政指導に区別することが可能です。

　規制的行政指導とは、相手方の権利利益に変動を与える目的で行われる行政指導をいいます。規制的行政指導は相手方に不利に作用することから、法律による行政の原理に反するおそれが高いことが問題点とされています。

　助成的行政指導とは、相手方に行政側に関する情報提供を目的に行われる行政指導をいいます。

　調整的行政指導とは、私人間の紛争に行政側が関与するために行われる行政指導をいいます。たとえば、高層ビルの建築にあたって、建築主と建築に反対する周辺住民との間に争いが生じている場合、建築確認を一時的に留保した上で、紛争解決をめざして行政側が紛争に介入し、両当事者の意見のすり合わせをするなどの行政指導を行う場合があります。

行政手続法による行政指導の統制

行政手続法は、前述した問題点のある規制的行政指導を念頭に置き、①申請に関する行政指導と、②権限の行使に関して行われる行政指導に分類して、行政指導を統制しています。

① 申請に関する行政指導

申請に関する行政指導とは、国民が行政側に申請書を提出する場面で行う行政指導をいいます。従来から行政指導に従わない場合に申請を受け付けない（受理しない）という処理を行うことが日常的に行われ、国民の申請権を侵害していました。

行政手続法は、申請者が行政指導に従わないことを表明した場合、以後は行政指導を継続してはならないことを明確にしました。さらに、申請は行政庁に到達した時点で効力を生じ、行政庁は審査を始めることが義務づけられました。この規定は、申請書を受理しないという取扱いを禁止するものです。

② 許認可等の権限に関連する行政指導

行政指導に従うか否かは、相手方が自由に選択することができます。しかし、飲食店に対し保健所が行政指導を行うような場合は、従わないと営業停止処分などの許認可に関わる権限を行使することを暗示して、行政指導に従わせるような運用を行うおそれがあります。行政手続法は、許認可等の権限を行使可能であることを強調して、相手方に行政指導に従わざるを得ない状況を作り出すことを禁じています。

指導要綱とは

多くの地方公共団体では行政指導の指針を定めており、これを指導要綱といいます。地方公共団体は条例制定権を持っていますが、行政目的を実現する上で必要な条例が必ずしも存在す

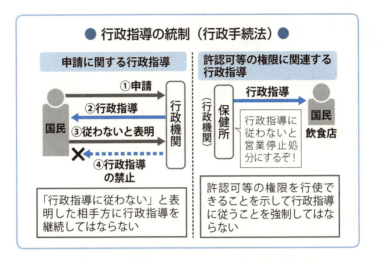

るとは限りません。そこで、行政目的の実現に向けて指導要綱を作成し、これに基づいて国民側を誘導する運用が広く行われています。このような行政活動は要綱行政ともいいます。

指導要綱はあくまでも行政指導なので、相手方に対する法的拘束力は認められません。しかし、指導要綱が強力な規制につながることが問題点とされています。最高裁判例では、指導要綱で定めた寄附金の納付に従わない建築主に対する給水契約の拒否が事実上の強制にあたることを理由に、国家賠償請求訴訟において違法と判断されたケースがあります。

行政指導に対する争い方

違法な行政指導に対しては、国家賠償請求訴訟を提起して争うのが一般的です。また、国民の権利義務に直接影響が及ぶような行政指導であれば、処分性（⇨134頁）が認められて、取消訴訟などの抗告訴訟で争うことができる場合もあります。

9 行政計画

行政計画とは

行政計画とは、行政目的の実現に向けて、行政が示す将来的な展望をいいます。行政計画は「計画」の文字がついているなど名称が重要なのではなく、実現すべき行政目的（目標）が設定されており、その行政目的を実現するために必要な手段が示されていることが重要です。

行政目的が実現される過程で計画的に行政活動が行われることは、効率的な行政の実現につながります。また、計画から実現までの過程が体系化されていれば、後からその過程を評価することが容易になる他、行政活動に恣意的な運用が入り込む危険性を回避することもできます。このように「計画による行政」の重要性は、比較的古くから認識されていました。

行政計画の分類

行政計画を分類する視点はさまざまです。地域的な分類を行うのであれば、その行政計画の策定主体に応じて、全国計画（国が策定する計画）、都道府県計画、市町村計画に分類することができます。これは行政主体の分類に対応しています。

また、行政計画に掲げている行政目的を達成するまでの期間に応じて、長期計画、中期計画、短期計画という分類方法も存在します。

さらに、達成をめざしている行政目的の内容に応じた分類として、国土利用計画、開発計画（都市の再開発などをめざす計画）、都市計画などを挙げることができます。

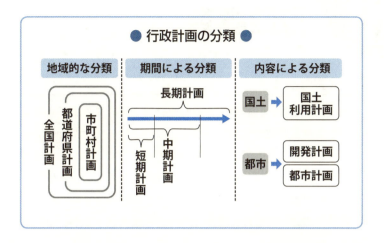

そして、国民の権利義務に直接影響を与える内容を含む行政計画を策定する場合は、法律の根拠が必要になると考えられています。このような計画を法定計画と呼んでいます。

計画裁量とは

　行政計画に関しては、具体的にどのような計画を策定するのかについて、行政側に裁量が認められています。これを計画裁量といいます。計画裁量にも行政裁量の限界（⇨ 65 頁）が妥当すると考えられていることから、裁量権を逸脱・濫用している場合には、行政計画が違法と判断されることになります。

　ただし、行政計画は専門的・政策的判断に基づいて策定されているため、行政側の裁量の範囲がとくに広く認められます。明らかに不合理な内容の行政計画は違法と判断することも可能ですが、そのようなケースは少ないことから、計画裁量を統制する上では、策定された行政計画の内容よりも、それが策定されるまでの判断過程を統制することが重要になります。

10 行政調査

行政調査とは

　行政調査とは、行政機関が、行政目的を達成する上で必要な情報を集める行政活動をいいます。これまで見てきた行政活動は、国民に何らかの働きかけを行う形式が主でした。これに対し、行政調査は国民に働きかけを行う前提として、情報収集をするための活動であると位置づけることができます。

　行政調査については、相手方の承諾を前提とするか否かに応じて、強制調査と任意調査に分類することができます。

強制調査とは

　強制調査とは、調査対象である相手方の承諾がなくても、強制的に行うことができる行政調査をいいます。そして、強制の程度に応じて、強制調査は細かく分類することが可能です。

　まず、相手方が調査を拒否した場合に、実力行使を伴う調査が実施される場合があります。たとえば、脱税などの租税犯則事件に関する収税官吏（税務署の職員）による犯則調査が挙げられます。収税官吏は、裁判所の許可があれば、強制的に相手方の身体や住居の捜索や、証拠品の差押えなどが可能です。

　また、実力行使は許されないものの、調査を拒否した相手方に対して罰則が用意されている場合があります。罰則が科されることを避けるため、相手方が調査に応じることが期待されます。たとえば、所得税に関する質問検査を拒否したり虚偽の答弁をしたりした相手方には罰則が科されます。

　なお、質問検査を行う場合、裁判所による令状の発付は不要

第3章 ■ 行政による行為形式

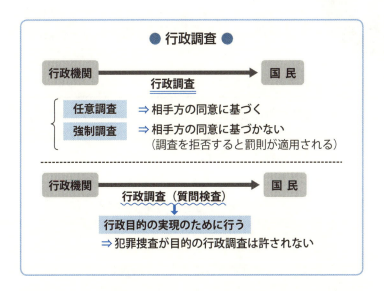

ですが、これは憲法が規定する令状主義に反しないとするのが最高裁判例です。一方、行政調査は行政目的の実現のために行われるため、犯罪捜査を目的として行政調査を行うことは許されないと考えられています。

任意調査とは

　任意調査とは、調査対象の相手方の承諾を得て行われる行政調査をいいます。任意調査に関しては、どのような手段が任意調査として許容されるのかが問題になります。

　たとえば、警察官による職務質問に付随して行われる所持品検査や、自動車を停車させて行う自動車検問が許されるのか否かが議論されています。これらについては、それらを行う必要性や制約される相手方の利益などを考慮して、相当と認められる限度で許容されると考えられています。

11 行政上の義務履行確保

行政上の義務履行確保とは

　行政上の義務履行確保とは、主に行政行為によって課された義務を国民が果たさない場合に、行政側が自らその義務を果たした状態を強制的に作り出すことをいいます。

　私人間の法律関係では、権利者（債権者）が自らの権利を強制的に実現することは禁止されています（**自力執行の禁止**）。たとえば、AのBに対する100万円の貸金債権について、Bがこれを返済しない場合に、AがBの財産を自ら取り上げることはできません。Aは貸金返還請求訴訟で勝訴した上で、強制執行の申立てを行い、裁判所によってBの財産を取り上げてもらうことが必要です（これを**司法的執行**といいます）。

　これに対し、行政行為については、法律の根拠があることを条件として、行政側に自力執行力が与えられます。たとえば、所得税や法人税などの国税の滞納者に対し、滞納処分によって滞納者の財産を差し押さえることが国税徴収法で認められています。差し押さえた財産は金銭に換えることで（換価）、強制的に国税が納められた状況を作り出すことが可能です。

司法的執行による義務履行確保の可能性

　行政側が義務履行確保の手段として、裁判所を通じた司法的執行を採用することができるのでしょうか。まず、行政側が私法上の契約（行政契約）の当事者として、貸金債権などを回収しようとする場合は、司法的執行によることを否定しません。

　しかし、前述した滞納処分をはじめとして、行政側が行政権

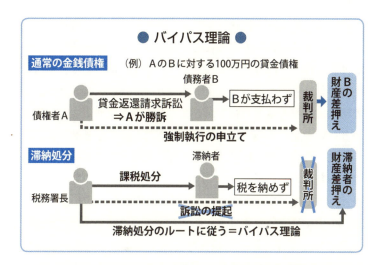

の主体として、国民に対し行政上の義務履行を確保する強制的手段が法律で規定されている場合には、司法的執行によって行政上の義務履行を実現することは許されないとするのが最高裁判例の立場です。つまり、行政上の義務履行確保の手段として、司法的執行とは異なる、滞納処分などの特別のルート（バイパス）が用意されている以上、そのルートに従うべきであるということです。これはバイパス理論と呼ばれています。

そして、行政上の義務履行確保の手段は、代執行、行政上の強制徴収、直接強制、執行罰に分類することができます。

代執行

代執行（行政代執行）とは、行政庁が国民に課された行政上の義務を代わりに行い、その義務の履行のために要した費用を後から徴収する方法をいいます。代執行については、行政代執行法がその手続を規定しています。

行政代執行法は、代執行ができる義務を代替的作為義務に限定しています。代替的作為義務とは、他人が代わりに行うことが可能な行為を内容とする義務をいいます。たとえば、違法建築物の除却義務が挙げられます。一方、庁舎の明渡義務や立退義務は、義務者本人の行為が必要となる義務（非代替的作為義務といいます）なので、代執行を行うことはできません。

　また、行政代執行法は「戒告→代執行令書の通知→代執行の実施→費用の徴収」という手続に従って、代執行を行うことを要求しています。行政庁は、義務不履行があっても直ちに代執行を実施せず、まずは義務を果たすように働きかけ（戒告）、義務を果たさなければ代執行を実施することを知らせた上で（代執行令書の通知）、それでも義務が果たされない場合に代執行の実施に着手します。その後、代執行の費用の徴収は、後述する行政上の強制徴収の手続に従って行います。

行政上の強制徴収

　行政上の強制徴収とは、行政上の金銭債権に関する強制的な徴収手続をいいます。たとえば、前述した滞納処分などが挙げられます。国税通則法や国税徴収法などを根拠として、とくに税金を簡易迅速に徴収する手続を設けることで、徴税行政が円滑に進むことを確保しようとしています。

直接強制

　直接強制とは、義務者の身体や財産に実力を行使し、行政上の義務履行を実現する制度をいいます。もっとも、義務者の基本的人権に対する制約の程度が強いので、個別の法律の根拠が必要とされます。直接強制を認める法律は多くありませんが、

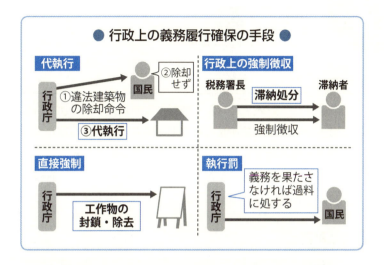

成田新法に基づく工作物の封鎖や除去が代表例です。

なお、行政上の義務を負わせることなく、国民の身体や財産に対して実力を行使する手段を即時強制といいます。たとえば、警察官による泥酔者の保護や、精神障害者に対する措置入院が挙げられます。そして、直接強制とは異なり、即時強制は行政上の義務履行確保の手段でないため、条例を根拠とする即時強制を創設することが可能であると考えられています。

執行罰

執行罰とは、行政上の義務を履行しない場合は過料に処することを事前に示し、義務者による自発的な義務の履行を促す制度をいいます。執行罰も直接強制と同じく、個別の法律の根拠が必要とされます。現在は、砂防法という法律でのみ執行罰を認めていますが、行政上の義務履行確保の手段として、執行罰を活用してもよいのではないかという考え方もあります。

12 行政罰

行政罰とは

　行政罰とは、行政上の義務を履行しなかった場合に加えられる制裁をいいます。前述した行政上の義務履行確保が現在進行中の義務違反の状態を対象とするのとは異なり、行政罰は過去に行われた義務違反を対象とする点に特徴があります。行政罰は、主に行政刑罰と秩序罰に分類されています。

行政刑罰とは

　行政刑罰とは、行政上の義務違反に対して、刑法に刑名のある刑罰を科することをいいます。刑罰の種類は「死刑、懲役、禁錮、罰金、拘留、科料、没収」があります。交通違反事件や脱税事件に対する刑罰が行政刑罰の代表例です。

　行政刑罰は刑法上の刑罰を科するものなので、殺人や窃盗などの刑法上の犯罪と同じく、原則として刑事訴訟法の手続に従います。つまり、検察官が起訴して裁判所が判決をするという刑事手続を経て、違反者に対する行政刑罰が決定します。

　もっとも、行政刑罰の対象になる事件（行政犯）、とくに交通違反事件などは、起訴されずに処理されることが多いという特徴があります。これを**ダイバージョン**（行政犯の非刑罰的処理）といいます。

　ダイバージョンが認められる根拠として、行政犯の発生件数が多く、すべてを起訴して刑事手続で処理することが困難である点や、ダイバージョンにおいては、主に違反者に対して金銭の納付が求められることから、刑罰以外の方法によって制裁を

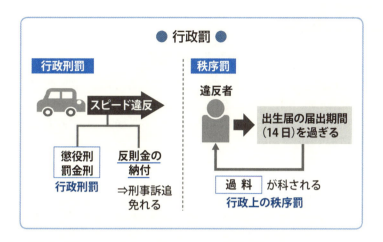

受けたと評価できる点などが指摘されています。

ダイバージョンの代表例として、道路交通法に基づく交通反則金制度があります。駐車禁止違反やスピード違反などの軽微な違反行為について、違反者は反則金を納付することで、刑事訴追を免れることができます。

秩序罰とは

秩序罰（行政上の秩序罰）とは、行政上の秩序を維持する目的で加えられる比較的低額な金銭的制裁をいいます。金銭的制裁は「過料」として科されることが多いといえます。そして、秩序罰は刑罰にあたらないことから、行政刑罰などの刑罰と併せて科することが許されると考えるのが最高裁判例の立場です。

秩序罰は、届出義務の懈怠など、軽微な行政上の義務違反が対象となります。たとえば、出生届の届出期間である14日を経過した場合に科される過料などが挙げられます。

Column

行政行為の附款

　行政行為の附款とは、行政行為の主たる効果に、付随的に追加された内容をいいます。附款は、強権的な拒否処分などを回避しつつも、行政側が望ましい形式に国民を導く効果を持ち、行政実務において広く用いられています。行政行為の附款の類型としては、条件、期限、負担、撤回権の留保などがあります。

　条件とは、行政行為の効果の発生・消滅が、発生の不確実な事実に結びつけられている場合をいいます。条件には、行政行為の効果を発生させる停止条件と、その効果を消滅させる解除条件があります。たとえば、営業許可にあたり、「法人の成立を条件に許可する」という内容の附款が付けられている場合（停止条件の例）が挙げられます。

　期限とは、行政行為の効果の発生・消滅が、発生の確実な事実に結びつけられている場合をいいます。期限には、行政行為の効果が発生する始期と、効果が消滅する終期があります。たとえば、「2018年4月1日から2019年3月31日まで」という期限付きの公務員の任用などが挙げられます。

　負担とは、行政行為により発生する義務とは異なる特別の義務を課す場合をいいます。義務については、一定の行為を要求する（作為）場合と、一定の行為を禁止する（不作為）場合の両方を含みます。たとえば、自動車の運転免許証（行政行為のうち許可にあたります）に「眼鏡の使用」と記載されている場合などが挙げられます。

　撤回権の留保とは、「必要がある場合には、許可を取り消す場合がある」など、行政行為の撤回可能性について明文で示されている場合をいいます。

第4章

行政手続と情報公開制度

1 行政手続の意義

行政手続における適正手続の原則

　法律による行政の原理により、行政活動は法律に基づいて行われなければなりません。しかし、行政活動の内容（結果）が法律に従った適正かつ公正なものであれば、それだけで国民の権利利益の保護として十分であるとはいえません。行政活動が国民に向けて行われる過程においても、適正かつ公正な手続があわせて確保されてこそ、本当の意味で行政活動が正当性を持つと考えられるようになりました。

　このように、行政活動が行われる過程における手続を行政手続といい、行政手続に適正性かつ公正性が要求されることを適正手続の原則といいます。そして、適正手続の原則の根拠は、「何人も、法律の定める手続によらなければ、その生命若しくは自由を奪はれ、又はその他の刑罰を科せられない。」と規定する憲法31条に求めることができると考えられています。

　この考え方によれば、憲法31条は、直接には刑事手続における適正手続の保障に関する規定ですが、その趣旨は刑事手続だけでなく行政手続にも及ぶことになります。最高裁判例でも、憲法31条が刑事手続に関する規定であることを理由に、適正手続の保障を行政手続にも及ぼすことを禁止する理由はないとして、行政手続における適正手続の原則を認めています。

行政手続法は事前手続の法律である

　行政手続については、行政側から国民に向けて行政行為などの行政活動が行われる前後に応じて、事前手続と事後手続に分

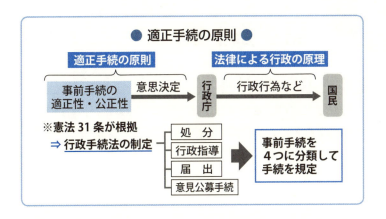

類することができます。

事前手続とは、行政活動において行政側の意思が決定され、それが行政行為などの形式で、国民の権利利益に影響を与えるまでの過程に関する公正性・適正性の保障をいいます。行政手続という場合には、この事前手続を指すことが多く、行政活動の事前手続に関する一般法（広く適用される法のこと）として、行政手続法が制定されています。

行政手続法は、行政活動における公正性や透明性を図り、それによって国民の権利利益を保護することを目的とすることを規定した上で、適用対象となる行政活動を、処分、行政指導、届出、意見公募手続の4つに分類しています。行政指導に関する手続は、行政指導の項目（⇨72頁）で説明したので、次の項目からは、その他の行政手続を説明していきます。

これに対し、事後手続とは、行政活動が行われた後に、国民がその行政活動に対し不服申立てなどをする際に必要な手続をいいます。たとえば、行政不服審査法に基づく審査請求や、行政事件訴訟法に基づく取消訴訟などが挙げられます。

2 申請に対する処分に関する手続

申請に対する処分とは

　行政手続法は、処分（行政処分）について、「行政庁の処分その他公権力の行使に当たる行為」であると定義した上で、申請に対する処分と不利益処分に分類しています。ここでは申請に対する処分を説明していきます。

　行政手続法にいう申請とは、法令に基づき、行政庁の許認可等（許可、認可、免許その他の自己に対し何らかの利益を付与する処分のこと）を求める行為であって、行政庁がその諾否を応答する義務を負うものをいいます。そして、許認可等の申請を行った申請者に対して、行政庁が諾否の応答をする処分のことを申請に対する処分といいます。

　たとえば、飲食店を営もうとする者（申請者）は、食品衛生法に基づいて、保健所に営業許可を求めます（申請）。この申請に対し、保健所は、営業許可をするか否かを判断する義務を負うので、その諾否の判断を申請者に対して応答します（申請に対する処分）。営業許可が認められた申請者は、適法に飲食店を経営することが可能になる利益を得ます。

審査基準の設定・公表

　行政手続法では、申請に対する処分の手続のひとつとして、審査基準の設定・公表について規定しています。

　審査基準とは、「申請により求められた許認可等をするかどうかをその法令の定めに従って判断するために必要とされる基準」のことです。行政手続法では、行政庁に対して審査基準を

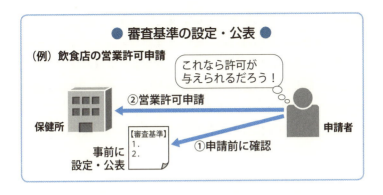

定めることを義務づけています。審査基準を設定することで、国民側から見て行政庁の判断の根拠が明確になり、行政庁の判断について適正性や公正性を担保することができます。

さらに、審査基準が公表されていれば、後から申請に対する処分について争いが生じたとしても、事後的に審査基準が適正であるのかどうかをチェックすることができます。そのため、設定された審査基準については、申請先である行政機関の事務所に備え付けるなどして公表する義務を負います。

審査基準は単に設定されていればよいわけではなく、その設定された審査基準から、具体的にどのような場合に許認可等の諾否がなされるのかが明確でなければなりません。あまりに抽象的な審査基準は、国民側から見ると、どのような場合に許認可等の諾否がなされるのかがわからず、審査基準が設定されていないに等しいといえるからです。

標準処理期間とは

行政手続法は、行政庁に対して、申請に対する処分をするまでに必要になる標準的な処理期間を定めるよう努力することを

求めています。これを標準処理期間といいます。そして、標準処理期間を定めた場合には、その処理期間を公表することが義務づけられます。標準処理期間の設定を求める目的は、申請に対して行政庁がいつまでも何ら応答をしないまま、申請を放置することを認めないためです。

前述した保健所に対する営業許可申請の例で、保健所が申請に対する処分を行わない場合、申請者は飲食店を営むことができないばかりか、飲食店の経営が可能であるのか否かが不明確な状態のまま放置されます。これは実質的に国民の申請権（許認可等の申請に対して応答を得る権利）を奪っているに等しいため、標準処理期間に関する規定が置かれています。

また、行政手続法は、申請の受理を拒むという運用を防止するため、許認可等の申請が申請先である行政庁の事務所に到達した時点で、その行政庁が滞りなく申請に対する審査を開始することを義務づけています。

さらに、行政庁は、申請について形式上の要件を充たさないことが明らかな場合、速やかに、申請者に対し不備の訂正（補正）を求めるか、許認可等の申請を拒否することも義務づけられています。この規定によって、形式的な不備がある申請が行われた場合に、補正の機会を与えて速やかに審査を継続するか、拒否処分によって次のステージ（不服申立てや取消訴訟など）に速やかに移行するしくみを整えています。

理由の提示に関する規定

申請に対する行政庁の応答には、許認可等の申請を認める処分（許可処分など）と、その申請を拒否する処分（不許可処分など）があります。とくに申請を拒否する場合は、なぜ拒否し

第4章 ■ 行政手続と情報公開制度

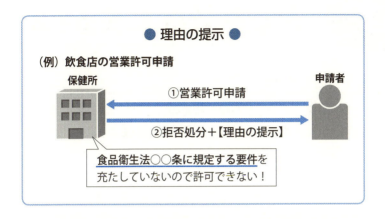

たのかを申請者に対し明らかにしなければ、申請者自身も納得できず、行政庁による判断の根拠が不明確になってしまい、行政活動の透明性に反することにもなりかねません。

そのため、許認可等の申請を拒否する処分（拒否処分）を行う場合、行政庁は、拒否処分をするのと同時に、理由をあわせて提示することが義務づけられています。これにより、行政庁の恣意的な判断を防ぐとともに、申請者としては、納得できない理由が提示された場合に、不服申立てなどの次の行動に出ることが容易になります。拒否処分を書面で行う場合、理由の提示もまた書面で行う必要があります。

その他の申請に対する処分に関する手続

行政手続法は、その他にも申請に対する処分に関する規定を置いています。たとえば、標準処理期間内に審査を終えることが難しい場合などに備えて、申請者からの求めに応じて、行政庁は、審査の進行状況や申請に対する処分をする時期などの情報を提供するよう努めなければなりません。

3 不利益処分に関する手続

不利益処分とは

　不利益処分とは、行政庁が特定の人に対して、直接義務を課したり、権利を制限したりする処分をいいます。たとえば、食中毒を発生させた飲食店が、保健所から3日間の営業停止処分を受ける場合などが挙げられます。また、食中毒をたびたび発生させて衛生状態の改善が見込めないと判断された飲食店は、営業許可の取消処分を受けるおそれがあります。営業許可が取り消されると、それ以降は飲食店を適法に営業できなくなるので、まさしく国民に「不利益」を与える処分です。

　なお、前述した許認可等の申請に対する拒否処分（⇨93頁）も、国民に不利益を与える処分であるため、不利益処分と見ることも可能です。しかし、行政手続法は、許認可等の申請に対する拒否処分は、行政手続法上の不利益処分から除外すると規定しているので、この点で不利益処分とは区別されます。

処分基準の設定・公表

　処分基準とは、不利益処分をするかどうか、する場合にはどのような処分とするのかについて、その不利益処分の根拠法令に従って判断するのに必要な基準をいいます。

　行政手続法は、行政庁が処分基準の設定・公表に努めなければならないと規定しています。そして、行政庁が処分基準を定める場合は、具体的に定めることが求められています。処分基準が曖昧であると、不利益処分を受ける可能性がある国民側からすれば、何をすれば不利益処分の対象になるのかがわからず、

第4章 行政手続と情報公開制度

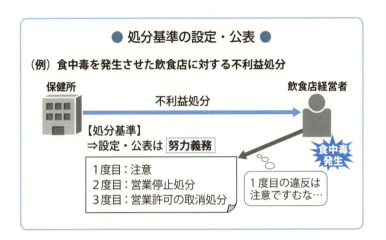

行動の自由を著しく制約されるおそれがあるからです。

　ただし、申請に対する処分に関する審査基準とは異なり、処分基準の設定・公表が行政庁の努力義務として規定するにとどめられている点に注意が必要です。これは処分基準を設定することが容易でないため、行政庁に基準の策定を義務づけることが困難である場合が考慮されています。さらに、処分基準を設定・公表することが、法令に規定されている義務違反をかえって助長するおそれがある場合も考慮されています。

　たとえば、ある不利益処分の処分基準として、1度目の違反には注意、2度目の違反には営業停止処分、3度目の違反には営業許可の取消処分をする、という処分基準が設定されているとします。このとき、悪質な飲食店の経営者に、「2度目の違反までは営業許可の取消処分がなされる心配がない」という誤った安心感を与え、処分基準を設定・公表することが義務違反を助長する原因になってしまう場合があります。そのため、処分基準は設定・公表が義務づけられていないのです。

聴聞手続とは

　行政手続法が制定される以前から、行政活動の手続における適正性に関して議論がありました。とくに処分の内容が相手方に不利益を与えるものである場合には、処分に先立ち、その相手方となる人（名あて人といいます）に対し、処分が行われるおそれがある事実を知らせる（処分内容の告知）とともに、反論の機会を与える手続を保障する（意見陳述の機会の保障）ことが重要であると認識されていました。

　行政手続法においても、不利益処分について処分内容の告知と意見陳述の機会の保障が重要であるとの認識の下で、とくに意見陳述の機会の保障を「聴聞手続」と「弁明の機会の付与」に分類して、意見陳述の手続を詳細に規定しています。

　このうち聴聞手続が行われるのは、許認可等を取り消す不利益処分や、相手方の資格や地位を直接奪う不利益処分など、名あて人に与える権利義務に対する影響が強度な場合です。前述の保健所が食中毒を発生させた飲食店に対する処分のうち、営業許可の取消処分が行われる場合に、聴聞手続が行われます。

　聴聞手続を行う場合には、あらかじめ名あて人に対し、予想される不利益処分の内容が具体的な根拠法令に基づいて示されるとともに、不利益処分の原因となる事実、聴聞手続の日時や場所などが通知されます。

　そして、聴聞手続の審理が行われる期日には、行政庁が指名する職員が主宰者として、原則として行政庁と名あて人が出席した口頭による審理が行われます。とくに名あて人の権利利益の保護が図られるように、意見陳述や証拠書類の提出などの権利が認められている点が重要です。

　聴聞手続を終えると、主宰者は、審理の経過を記載した聴聞

第4章 行政手続と情報公開制度

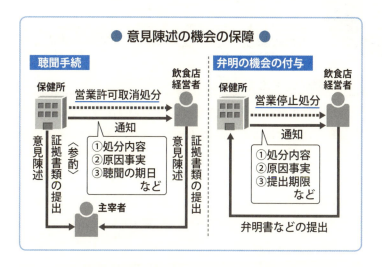

調書と、聴聞の結果として主宰者の意見を記載した報告書を作成しなければなりません。行政庁は、聴聞調書に記載された事実や報告書に記載された意見を十分に参酌（参考にして取り入れること）して、不利益処分をしなければなりません。聴聞手続で現れていない事実に基づく処分を行うことはできません。

弁明の機会の付与とは

弁明の機会の付与（弁明手続）とは、聴聞手続が要求されていない不利益処分に先立って行われる、簡易な意見陳述手続をいいます。たとえば、食中毒を発生させた飲食店に対し、営業停止処分をしようとする場合に、弁明の機会が付与されます。

弁明手続においては、名あて人は、行政庁に弁明書などの書類を提出することで、弁明を行うことができます。つまり、口頭審理が行われる聴聞手続とは異なり、弁明手続は書面審理が原則です。

4 その他の行政手続（届出・意見公募手続など）

行政指導の中止等の求め・処分等の求め

　処分（行政行為）や行政指導は、その必要性があると行政庁が判断した場合に、法令の範囲内において、特定の相手方に対して行われることが、本来的に想定されている形式です。行政手続法は、法令に違反する行政指導を受けた人が、行政指導をした行政機関に対し、行政指導の中止などを求めることを認めています。これを行政指導の中止等の求めといいます。

　反対に、法令に違反した事実があるのに、その状態が放置され、必要な処分や行政指導が行われない場合もあります。たとえば、ある輸入業者が健康被害を生じさせるおそれのある飲食物を輸入している（食品衛生法上の義務違反行為がある）にもかかわらず、その輸入業者に対し、営業停止処分などが行われていないというケースが考えられます。

　そこで、法令違反事実に対して必要な処分や行政指導が行われていないと考える場合、処分や行政指導をする権限のある行政機関に対し、法令違反状態を是正するために必要な処分や行政指導をするよう申し出ることができます。これを処分等の求めといいます。処分等の求めは誰でも可能なので、広く国民側から必要な処分や行政指導を促す効果が期待されています。

　もっとも、処分等の求めを受けた行政機関は、直ちに処分や行政指導を行う義務を負うわけではありません。しかし、処分等の求めを受けた場合には、必要な調査を行い、調査の結果として必要性が認められれば、必要な処分や行政指導を行わなければならないと考えられています。

第4章 行政手続と情報公開制度

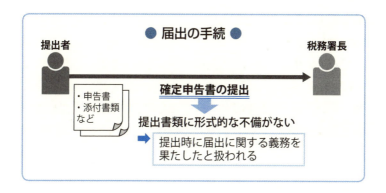

届出の手続

届出とは、行政機関に対し、特定の事項について通知を行うことをいいます。たとえば、所得税における確定申告書の提出が挙げられます。法令に規定された届出を行うことで、国民側の義務が果たされたと扱われ、行政機関が届出に対して何らかの応答を行うことは予定されていません。確定申告書の提出の例においても、確定申告書の提出に対して、税務署長は何らの応答を行う必要がありません。なお、個別の法令の中では、届出に該当する事項について「申請」という言葉が用いられていることがあるため注意が必要です。

届出については、法令に規定された要件を充たしているにもかかわらず、行政側が何らかの事情で受理を行わないという運用が問題視されていました。行政側が届出を受理しないという運用を許してしまうと、国民側としては、いつまでも届出義務を果たすことができず、結局のところ、申請に対する処分と同様に、国民側が届出義務を果たしたと認められるのは、行政側が届出を受理するという反応を見せた場合に限られることになります。これでは届出とは名ばかりで、実質的に行政側の許認

可等を求める制度がとられているに等しくなる、という批判が加えられました。

行政手続法は、届出書の記載事項に不備がなく、添付書類などにも漏れがないなど、形式上の要件を充たしている届出を受理しないという運用を認めないことを明示するため、提出先である行政機関の事務所に到達した時点で、届出に関する国民側の義務が果たされたものと扱うと規定しています。

意見公募手続とは

行政活動の形式として、行政基準の制定があることは前述のとおりです。行政基準の制定については、行政基準の新設やその変更に際して、あらかじめその内容を国民に示した上で、国民の意見を求めること（パブリック・コメント）が、行政活動の透明性につながり、民主主義の要請として国民の政治参加を促すことにもなることが、従来から指摘されていました。

行政手続法は、内閣や行政機関が命令等を制定する際に、その命令等の案や関連する資料を事前に示し、国民にその案に対する意見を求める期間や、意見の提出先を知らせる手続が規定されています。これを意見公募手続といいます。

意見公募手続の対象となる「命令等」については、①法律に基づく命令（政令、府令、省令、処分基準を規定する告示などを指します）、②法律に基づく規則（地方公共団体の執行機関が制定する規則を指します）に加えて、③許認可等の申請に関する審査基準、④不利益処分に関する処分基準、⑤行政指導指針が含まれます。行政指導指針とは、同じ行政目的を実現するために複数の人に行政指導をしようとする際に、それらの行政指導に共通する内容となる事項のことです。

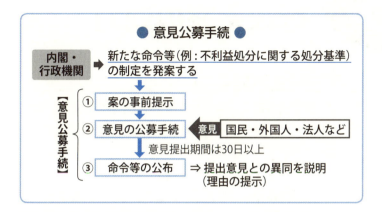

意見公募手続の具体的な内容

　意見公募手続の概要は、①命令等の案の事前提示、②命令等に関する意見の公募手続、③意見を考慮した上での命令等の公布という3つの段階に分類することができます。

　まず、「案の事前提示」に関しては、行政側の内部である程度審議された結果を示すことが必要なので、単なる命令等の名称や根拠となる法令を示す程度の抽象的内容では足りません。

　次に、「意見の公募手続」に関しては、意見の提出者を限定していないので、外国人や法人なども意見を提出することができます。意見提出期間としては、原則として30日以上の期間を設けていることが必要です。

　最後に、「命令等の公布」に関しては、命令等の制定にあたって、行政側は意見提出期間内に提出された意見（提出意見）を十分に考慮しなければなりません。これは提出意見に行政側が拘束されることを意味しませんが、命令等を公布する際に、提出意見の有無や、提出意見と制定された命令等との違いを、理由を付して説明することが義務づけられています。

5 行政手続の効力

行政手続の効力の問題とは

　行政手続に法令違反があった場合（行政手続の瑕疵といわれます）に、その手続に従って行われた行政活動の効力はどのように扱うべきかという議論があります。つまり、行政手続の中に法令違反が存在する処分（行政処分）が行われた場合、それが処分の違法事由や取消事由にあたるのかという問題があります。これを行政手続の効力の問題といいます。

　たとえば、免許取消処分をする場合は、事前に聴聞手続を行うことで、名あて人に意見陳述の機会を与えなければなりません。しかし、聴聞手続を経ずに免許取消処分をした場合、免許取消処分の内容には違法性がないとしても、行政手続の瑕疵を理由に違法な処分だと判断して、免許取消処分を取り消すべきかという問題です。

行政手続の効力に関する考え方

　行政手続の効力の問題については、主に2つの考え方の対立があります。まず、行政手続はあくまで行政活動を行うための手段に過ぎないため、実際に行われた処分自体の内容が違法性を持たない限り、行政手続の違法は処分の効力に影響を与えないとする考え方です。この考え方によると、行政手続の瑕疵が処分の内容に影響を与えた場合にのみ、処分自体が違法になると考えます。つまり、行政手続が適法に行われたならば、実際に行われる処分の結果が異なっただろうという事実が認められた場合に限り、その処分を取り消すべきと考えます。

第4章 行政手続と情報公開制度

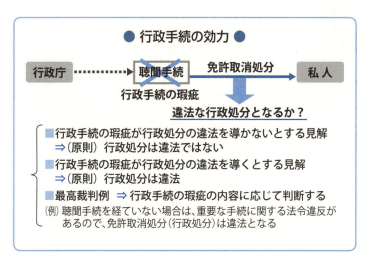

　これに対し、もう１つの考え方は、前述した適正手続の原則を重視し、適正かつ公正な手続の下で処分が行われていないなど、行政手続について瑕疵がある処分は、たとえ処分の内容は適法であっても、処分自体が違法になるとする考え方です。本体である処分の内容と、その処分の手続は切り離して考えるべきでなく、処分の内容に影響を与えない手続の違法を無視する前述の考え方を、適正手続の原則を軽視していると批判します。

　最高裁判例は、行政手続の瑕疵の程度に応じて、結論の場合分けをしていると考えられています。つまり、行政手続の瑕疵が処分全体の違法性につながるものでない場合には、処分のやり直しを求める必要性がないと判断し、行政手続の瑕疵を理由とする処分の取消しを認めていません。一方、理由の提示や聴聞手続を行わずに不利益処分をした場合など、処分にとって重要な手続を経ていない瑕疵がある場合には、その処分の取消しを認めています。

6 情報公開制度

情報公開制度とは

　情報公開制度とは、国民が行政の持っている情報の開示を受けるための制度をいいます。行政側に対する情報開示請求の手続などについては、情報公開法（行政機関の保有する情報の公開に関する法律）が規定しています。

　情報公開制度の目的として、まず国民主権の原理を挙げることができます。つまり、主権者である国民は、行政情報にアクセスする権限を持ち、行政情報の内容を正確に把握できる環境を確保することが、健全な民主主義を機能させることにつながると考えられている点に由来します。また、行政側が国民に行政情報を公開することで、行政活動の透明化が確保されることにつながると考えられていますが、これが行政側の国民に対する説明責任の一つの形式であると考えられています。

行政文書とは

　情報公開法は、国民に対して行政文書の開示を請求する権利を保障しています。行政文書とは、行政機関の職員が、職務を果たす上で作成・取得した文書、図画、電磁的記録（オンライン化したデータなど）のうち、行政機関の職員が組織的に用いるものとして、行政機関が保有しているものを指します。

　ここで「組織的に用いる」とは、行政機関の職員が職務に用いるために、組織として利用・保存していることであると考えられています。したがって、官報・白書・新聞・雑誌のように不特定多数の人に対し販売する目的で作成された文書や、行政

第4章 ■ 行政手続と情報公開制度

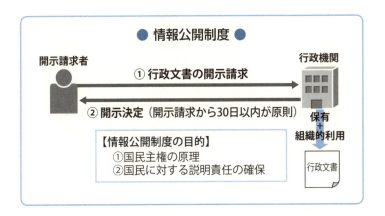

機関の職員が自分のために書いたメモなどは、原則として行政文書にあたらないことになります。

また、情報公開法の適用対象となる「行政機関」は、国の行政機関と会計検査院に限定されています。そのため、国会、裁判所、地方公共団体は適用対象外となります。

開示請求者と開示請求の手続

情報公開法は、開示請求者を制約する規定を設けていないので、日本国民の他、日本国外に居住する外国人も開示請求を行うことができます。ただし、日本語以外での開示請求は認められていません。開示請求の手続は、開示請求者が開示請求書を提出することで行います。開示請求者は、開示を求める理由などを明らかにする必要はありませんが、開示を求める行政文書を特定する事項を開示請求書に記載することは必要です。

開示請求書に不備がなければ、原則として 30 日以内に開示決定（行政文書を開示するという決定）が行われます。正当な理由があれば、開示決定までの期間を 60 日まで延長可能です。

105

不開示情報とは

　開示請求が行われた場合、行政機関の長は、原則として開示に応じなければなりません。しかし、開示請求の対象となった行政文書の中には、国民側に開示することが不適切な情報が含まれている場合があります。これを不開示情報といい、不開示情報が含まれる行政文書については、行政機関の長が開示を拒否すること（不開示決定といいます）が許されています。

　情報公開法は、①個人に関する情報、②行政機関非識別加工情報、③法人に関する情報、④国の安全に関する情報、⑤公共の安全に関する情報、⑥審議・検討・協議に関する情報、⑦事務・事業に関する情報、という7種類の情報を不開示情報として規定しています。

　①個人に関する情報とは、特定の個人を識別可能な情報をいいます。他の情報と合わせることで特定の個人が識別可能な情報も含まれます。ただし、個人に関する情報であっても、人の生命・健康・生活・財産を保護するために公開する必要があるものは、不開示情報にあたりません。

　②行政機関非識別加工情報とは、情報の中に含まれる氏名や生年月日などを削除し、特定の個人を識別することができないように加工した情報をいいます。

　③法人に関する情報とは、公開することによって、法人（法人でない団体を含みます）の権利や競争上の地位などに悪影響を及ぼす可能性がある情報をいいます。たとえば、法人の代表者の職務行為に関する情報などが挙げられます。

　④国の安全に関する情報とは、国防上や外交上の秘密（国家機密）に関わる情報をいいます。

　⑤公共の安全に関する情報とは、犯罪捜査などに関する情報

第4章 行政手続と情報公開制度

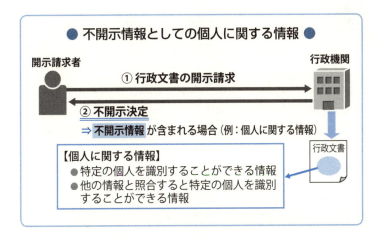

をいいます。公開されると犯罪の予防などに支障がある場合が不開示情報にあたります。

⑥**審議・検討・協議に関する情報**とは、行政機関の内部や相互間における審議・検討・協議に関する情報のうち、公開されることで率直な意見交換に支障が生じ得る情報をいいます。

⑦**事務・事業に関する情報**とは、行政機関が行う事務や事業の性質上、公開されることで適正な遂行に支障が生じ得る情報をいいます。

開示決定・不開示決定に対する救済手段

開示請求に対する行政機関の判断（開示決定・不開示決定）に不服がある場合は、行政不服審査法に基づく審査請求や、行政事件訴訟法に基づく取消訴訟などの救済手段があります。

なお、行政機関の長が審査請求を受けた場合は、原則として**情報公開・個人情報保護審査会**に対して、審査請求に対する意見を求める必要があります。

7 個人情報保護制度

個人情報保護制度に関する法律

個人情報保護に関して設けられている主な法律として、個人情報保護法（個人情報の保護に関する法律）と、行政機関個人情報保護法（行政機関の保有する個人情報の保護に関する法律）があります。個人情報保護法は、個人情報を取り扱う民間事業者に対するさまざまな義務を規定しています。これに対し、行政機関個人情報保護法は、行政機関が個人情報を取り扱う場合に従うべきルールを設けた法律です。

なお、個々の国民に割り当てられているマイナンバー（個人番号）の取扱いを定めたマイナンバー法（行政手続における特定の個人を識別するための番号の利用等に関する法律）は、個人情報保護法の特別法と位置づけられています。ここでは、行政機関に関係する行政機関個人情報保護法を説明していきます。

行政機関個人情報保護法上の個人情報とは、生存する特定の個人を識別できる情報（他の情報と合わせて特定の個人を識別できる情報も含みます）を指し、保有個人情報とは、情報公開法上の行政文書に記載された個人情報を指します。また、検索が可能なように体系的に構成された保有個人情報の集合体を個人情報ファイルと定義し、その取扱いを規定しています。

個人情報の利用目的に関する制限

行政機関個人情報保護法は、行政機関の所掌事務を遂行する目的を超えて個人情報を保有することを認めないと規定し、個人のプライバシーを保護しています。さらに、行政機関が個人

第4章 ■ 行政手続と情報公開制度

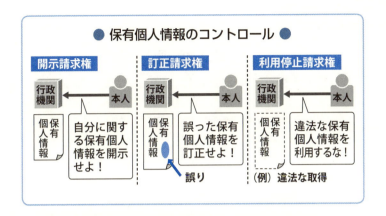

情報を本人から書面で取得する際は、利用目的を明示しなければなりません。また、行政機関は、個人情報の漏えいを防止するための措置を講ずる義務や、第三者に個人情報を提供する際に所定の規律に従う義務などを負います。

保有個人情報のコントロール

個人情報の保護は、自己に関する情報をコントロールする権利の保護という側面を持ちます。そのため、行政機関個人情報保護法は、保有個人情報の主体である本人に対して、開示請求権、訂正請求権、利用停止請求権を認めています。

開示請求権は、本人が行政機関に対し保有個人情報の開示を求める権利です。

訂正請求権とは、保有個人情報に誤りがある場合に、行政機関に対し訂正を求める権利をいいます。

利用停止請求権とは、行政機関が不適法な方法で保有個人情報の取得や利用などをしている場合に、その保有個人情報の利用停止を求める権利をいいます。

Column

公文書管理

公文書管理とは、行政機関に対し適切な文書管理を求めることをいいます。公文書管理が適切に行われることで、行政の透明性の確保や説明責任を果たす効果が期待されています。

2017年以降、国会やマスコミでたびたび取り上げられた学校法人に対する国有地の売却をめぐる問題においても、その一端として国有地の売却に至る経緯や事実などを記載した公文書の管理のあり方が問われました。

公文書管理については「公文書管理法」(公文書等の管理に関する法律)が規定を設けています。公文書管理法は、保存期間満了の前後に応じて、行政文書を満了前の現用文書と満了後の非現用文書に分類し、公文書の「作成→取得→保管→廃棄」に至るまでの過程における公文書の管理に関して、統一的なルールを定めています。これに対し、本文で説明した情報公開法の適用対象になる行政文書は、現用文書に対する開示請求を規定した法律だということができます。

公文書管理法では、行政機関の長に対し、相互に関連性を持つ行政文書は一つの集合物(行政文書ファイル)として管理する義務や、行政文書ファイルの分類や保存期間について、行政文書ファイル管理簿という帳簿に記載する義務を課しています。そして、行政文書ファイルなどの廃棄に際しては、内閣総理大臣の同意を求める必要があるなど、内閣総理大臣の権限について規定するとともに、公文書管理に関する外部有識者の知識などを活用するため、公文書管理委員会への諮問制度も整えています。また、国立公文書館等に移送された特定歴史公文書等の利用や写しの交付に関する制度を設けています。

第5章
行政不服申立て

1 行政救済法の体系

行政救済法とは

　法令に適合しない違法な行政活動や、公益目的に適合しない不当な行政活動は、国民の権利利益の侵害に直結します。たとえば、違法な行政活動にあたるものとして、保健所が事実誤認に基づいて、飲食店に対し3日間の営業停止処分をした場合が挙げられます。飲食店は、営業停止処分の期間中、飲食店の営業ができないという不利益の他、その期間中に得られるはずであった利益を失うことにもなります。

　このように、違法・不当な行政活動によって、国民側が受けた権利利益の侵害や金銭的損失の救済を求めるための法制度を行政救済法といいます。そして、行政救済法は、大きく行政争訟法と国家補償法に分類できます。

行政争訟法

　行政争訟法とは、国民が違法・不当な行政活動の是正を求める法制度をいいます。行政争訟法は、救済を求める機関の違いに応じて、行政不服申立てと行政事件訴訟に分類できます。

　行政不服申立てとは、国民が行政機関に対し、違法・不当な行政活動の是正を求める法制度をいいます。行政不服申立てに関する一般法として、行政不服審査法が制定されています。

　行政事件訴訟とは、国民が裁判所に対し、違法な行政活動の是正を求める法制度のことで、行政訴訟とも呼ばれています。行政事件訴訟は、違法な行政活動が審理対象で、不当な行政活動は審理対象外です。行政事件訴訟の訴訟類型や手続などにつ

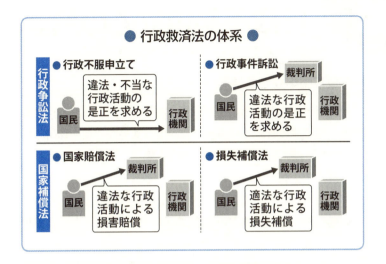

いては、行政事件訴訟法が制定されています。

国家補償法

　国家補償法とは、国民側が行政活動によって受けた金銭的損失の救済を求める法制度を指します。国家補償法は、金銭的損失の原因である行政活動の性質に応じて、国家賠償と損失補償に分類することができます。

　国家賠償とは、違法な行政活動によって、国民が受けた金銭的損害を賠償する法制度をいいます。国家賠償に関する一般法として、国家賠償法が制定されています。

　損失補償とは、適法な行政活動によって、国民に生じた損失に対して金銭的補償をする法制度をいいます。国家賠償とは異なり、損失補償に関する一般法は制定されていませんが、最高裁判例は、損失補償に関する法令の規定がなくても、憲法29条3項を根拠に損失補償を求めることができると考えています。

2 行政不服申立ての類型

行政不服申立ての特色

行政不服申立て（単に「不服申立て」ともいいます）は、裁判所が審理する行政事件訴訟に比べて、簡易な手続を採用しているため、結論を早く得ることができます。また、処分や不作為の違法を主張する場合だけでなく、不当を主張する場合も申立てを行うことができます。さらに、一定の例外を除いたすべての処分や不作為が審理の対象に含まれることも、行政不服申立ての特徴です。これを一般概括主義といいます。

しかし、行政不服申立ては、行政機関が内部の活動に対して批判的な判断をすることが必ずしも期待できず、判断の公平性に問題があることが指摘されています。

なお、行政不服申立てを行うことができる場合であっても、直ちに行政事件訴訟による救済を求めることができるのが原則です。これを自由選択主義といいます。

行政不服申立ての類型

行政不服審査法は、審査請求、再調査の請求、再審査請求の3つの類型を規定しています。このうち審査請求が原則的な行政不服申立ての類型であり、再調査の請求や再審査請求は、法律で定める場合にのみ認められる例外的な類型です。

審査請求とは、処分や不作為に不服のある国民が、法律や条令の規定がない限り、処分をした行政庁（処分庁）の最上級行政庁、あるいは不作為をしている行政庁（不作為庁）の最上級行政庁に対して行う不服申立てをいいます。審査請求を行う行

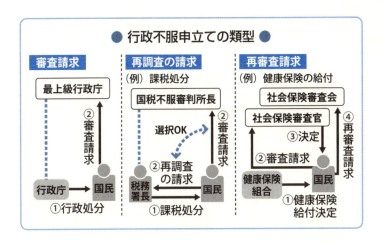

政庁を審査庁といい、最上級行政庁がない場合は、処分庁や不作為庁などが審査庁となります。また、審査請求の対象となる「不作為」は、国民が法令に基づく申請を行ったにもかかわらず、行政庁が何らの処分を行わない場合を指します。

　再調査の請求とは、審査請求に先立ち、処分庁自身に処分の見直しを求める手続をいいます。再調査の請求は、法律の規定がある場合にのみ行うことが可能で、実際は不服申立てが大量に予想される処分などに限定されています。たとえば、国税通則法に基づく課税処分などが挙げられます。再調査の請求は行わず、直ちに審査請求を行うことも可能です。

　再審査請求とは、審査請求の結果に不服がある場合に、法律の規定がある場合に限り、法定の機関に対する不服申立てを認める手続をいいます。たとえば、健康保険の給付決定に関して社会保険審査官が行った審査請求の決定に不服がある場合、社会保険審査会に再審査請求が可能です。再審査請求を行わず、直ちに取消訴訟を提起することも可能です。

3 審査請求の要件

審査請求の対象は処分と不作為

　行政不服申立ての原則的な類型は審査請求です。ここでは、審査請求の要件について見ていきます。

　行政不服審査法は、審査請求の対象が「処分その他公権力の行使に当たる行為」と「法令に基づく申請に対して何らの処分をしないこと」であると規定しています。前者が処分であり、後者が不作為です。したがって、行政基準、行政計画、行政指導などは、処分や不作為にあたらず、審査請求の対象外となります。なお、事実行為も審査請求の対象外となるのが原則ですが、人を収容する措置など、権力的かつ継続的な事実行為は、審査請求の対象に含まれます。

　もっとも、法的効果が失われた行政庁の処分や不作為を対象とする審査請求は、その違法性・不当性を判断する必要性が失われているので、原則として却下されることになります。

審査請求を求めることができるのは誰か

　処分に対する審査請求を行うことができるのは「行政庁の処分に不服がある者」です。最高裁判例は、これを取消訴訟の原告適格者である「処分の取消しを求めるにつき法律上の利益を有する者」と同じであると考えています（⇨138頁）。

　一方、不作為に対する審査請求は、法令に基づく申請を行った人（申請者）のみが行うことができます。したがって、処分に対する審査請求とは異なり、第三者が不作為に対する審査請求を行う余地はないことになります。

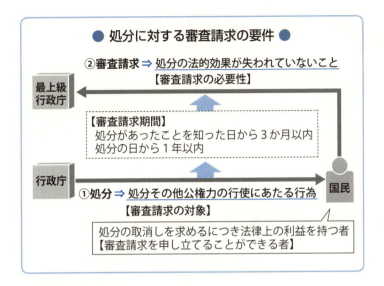

審査請求期間

　行政不服審査法は、処分に対する審査請求を申し立てることができるのは、処分があったことを知った日から3か月以内であると規定しています（主観的審査請求期間）。さらに、処分があったことを知ったか否かにかかわらず、処分の日から1年を経過すると審査請求を申し立てることができなくなるとも規定しています（客観的審査請求期間）。行政上の法律関係が長期間に渡って不確定になるのは望ましくないため、審査請求期間を制限しています。ただし、どちらも「正当な理由」があれば、期間経過後も審査請求を申し立てることが可能です。

　一方、不作為に対する審査請求を行う場合には、不作為の状態が続いている以上、審査請求を認める必要があるため、審査請求期間を制限する規定はありません。つまり、不作為が継続している限り、いつでも審査請求が可能です。

4 審査請求に対する審理

審査請求の申立て

審査請求は、処分や不作為によって自らの権利利益が害されたと主張する国民側からの申立てがあった時に、審理が開始されます（処分権主義といいます）。

審査請求の申立ては、審査請求書の提出によって行います。審査請求書が審査庁に提出されても、直ちに審査請求の対象である処分や不作為の違法性・不当性が判断されるわけではありません。それに先立ち、審査請求の申立てが適法か否かを判断します。これを本案前の審理（要件審理）といいます。

本案前の審理では、前述した審査請求の要件を充たしているか否かなど、審査請求に関する形式的審査が行われます。たとえば、審査請求期間を経過している場合や、審査請求書に記載すべき事項が記載されていない場合などは、その審査請求は不適法な申立てとして、処分や不作為の違法性・不当性を問うことなく却下されます。ただし、形式上の不備が補正可能である場合、審査庁は、審査請求を申し立てた人（審査請求人）に対して補正を命じなければなりません。

審理員とは

審査請求は、行政機関に対する不服申立制度であって、行政側に有利な判断となりやすいため、その公平性や客観性を確保することが非常に重要です。そこで、行政不服審査法は、審査庁から独立した審理員が、後述する審査請求の本案審理を担当する制度を設けています。

第5章 ■ 行政不服申立て

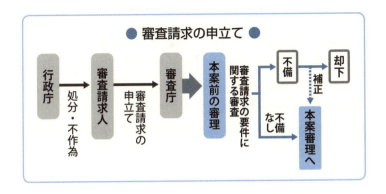

　審理員とは、審査請求の本案審理を担当し、処分や不作為の違法性・不当性を判断する実質的な権限を与えられた者をいいます。審理員は審査庁の職員の中から指名されることから、完全な第三者ではありません。しかし、客観性や公平性を考慮して、審査請求の対象である処分や不作為に関与していない職員の中から審理員を選任すべきことになっています。

本案審理の方式

　本案前の審理において不備がないと判断された場合は、審査請求の対象である処分や不作為の違法性・不当性について審理を行います。これを本案審理といいます。審査請求は基本的に書面による審理で行われます。書面審理は、一般に当事者が集まって主張し合う口頭審理よりも時間を要しないため、簡易迅速な不服申立制度であるべき審査請求に適した方式です。

　そして、審査請求の審理が遅延することをできる限り防止する趣旨から、行政不服審査法は、審査庁に対し、審査請求の申立てから審査庁の判断（裁決）までに通常要するであろう標準的な期間（標準審理期間）の設定に努め、設定した標準審理期

119

間を公表する義務を課しています。この規定は審査庁に対し標準審理期間内での審理を強制するものではありません。

審査庁が審理員を指名すると、審理員は、直ちに審査請求書などの写しを処分庁等（処分庁や不作為庁）に送付し、相当の期間を定めた上で、弁明書の提出を求めます。処分庁等が弁明書を提出した場合は、審査請求人に送付しなければなりません。一方、審査請求人は、弁明書に対して反対の主張を反論書の形式で提出することができます。反論書の提出は審査請求人の任意ですが、反論書の提出期間を不当に短く設定されたことで、その提出の機会が奪われたときは、重大な手続の瑕疵があるとして、審査請求の裁決が違法となると考えられています。

審査請求は書面審理が原則ですが、審査請求人が申し立てた場合、審理員は、口頭で意見を述べる機会を与えなければなりません（口頭意見陳述）。審査請求人に対し書面に表れた記載事項を口頭で補う機会を与える趣旨の規定です。口頭意見陳述を行う場合は、審査請求の関係者がすべて招集され、審査請求人が処分庁等に対し直接質問を行うことも許されます。

処分に対する審査請求では、処分につき利害関係を持つ人（参加人）が、審理員の許可を得て、審査請求に加わることができます。参加人は、弁明書に対する意見書の提出、口頭意見陳述の他、後述する証拠調べ請求を行うことができます。

証拠調べについて

審査請求の本案審理において、審査請求人は、証拠書類や証拠物の提出、所持人に対する物件の提出要求、参考人の意見陳述や鑑定の要求などができます。また、処分庁等やその他の関係人が提出した書類その他の物件の閲覧や写しの交付を求める

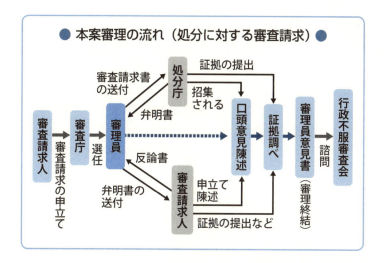

こともできます。これらを証拠調べ請求といいます。

一方、処分庁等も、処分の根拠である事実に関する証拠書類や証拠物を審理員に提出することができます。処分の根拠が示されることは審理の促進につながりますが、審理員が処分庁等に対し書類や証拠物の提出を義務付けることはできません。

行政不服審査会への諮問

審理員は、以上の審理手続を経て必要な審理を終えたと考えた場合は、審理を終結させ、審査庁が行う裁決に関する意見書（審理員意見書）を作成し、審査庁に提出します。審理員意見書を受け取った審査庁は、原則として、行政不服審査会（審査庁が地方公共団体の機関の場合は条例で設置される機関）に諮問しなければなりません。審理員が審査庁の職員であるため、審査請求の客観性や公平性について、第三者機関である行政不服審査会が二重にチェックするしくみが用意されています。

5 裁　　決

裁決とは

　審査請求は、審査庁による最終的な判断によって手続が終了します。審査庁の最終的な判断を裁決といいます。裁決は裁決書の形式で示されます。審査請求人は、審査庁が裁決をするまでは、審査請求を取り下げることが可能です。また、個別の法律では、審査庁による裁決のことを「決定」などと言い換えている場合もあります。

裁決の種類と効力

　裁決は訴訟における判決に相当するので、却下裁決、棄却裁決、認容裁決の3つに分類することができます。

　却下裁決とは、審査請求が不適法である場合の最終的な判断をいいます。審査請求の申立てがあると、本案審理に入る前に本案前の審理（要件審理）が行われることは前述しました。この本案前の審理において、審査請求の申立てが不適法であると判断した場合、審査庁は却下裁決を行います。審査庁が審査請求書などの補正を命じたにもかかわらず、審査請求人が補正に応じない場合も、却下裁決が行われます。

　棄却裁決とは、本案審理を行った結果、審査請求人の主張に理由がないとする最終的な判断をいいます。これは、審査請求の対象となった処分や不作為に違法性や不当性がない、と審査庁が判断することを意味します。

　ただし、処分に違法性や不当性があるのに、審査庁が棄却決定を行う場合があります。これを事情裁決といいます。事情裁

第5章 ■ 行政不服申立て

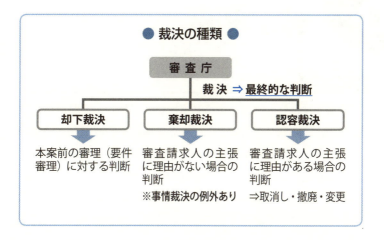

決は、処分に違法性や不当性が認められるが、その取消しや撤廃がなされると公の利益に著しい障害が生じる場合に言い渡されます。処分によって審査請求人が受ける損害の程度と、処分の効力を維持する公の利益を比較したときに、処分の効力を否定すると、審査請求人の利益と引き換えに多大な公の利益が犠牲となるような場合は、憲法13条が規定する「公共の福祉」に照らし、処分の効力を維持するということです。

　認容裁決とは、審査請求人の主張に理由があると認める最終的な判断をいいます。認容裁決がなされると、処分については効力の取消しや変更などが行われます。審査請求の対象が事実行為の場合は、認容裁決がなされると、その事実行為の撤廃や変更などが行われます。一方、不作為について認容裁決がなされると、違法・不当の宣言などが行われます。

　また、関係行政庁（処分や不作為が自らの所掌事務に関わる行政庁）は、裁決の内容に拘束され、裁決が示した判断内容に従う義務が生じます。これを拘束力といいます。

6 教示制度

教示制度とは

教示とは、処分の相手方や利害関係人に対し、不服申立ての制度が設けられていることと、その不服申立制度が利用可能であることを知らせる制度をいいます。行政不服審査法の教示に関する規定は、個別の法律に特別の規定がない限り、行政不服審査法に基づく不服申立てだけでなく、その個別の法律に基づく不服申立てにも適用されることに注意が必要です。

行政不服審査法が規定する教示制度

行政不服審査法は、職権による相手方への教示制度と、利害関係人の請求による教示制度の2つを規定しています。

職権による相手方への教示制度は、不服申立てができる処分を書面でする場合に、処分の相手方に対し、その相手方の求めがなくても、①不服申立てができること、②不服申立てをすべき行政庁、③不服申立期間を書面で伝えることが義務づけられています。したがって、不服申立てができない処分や口頭で行う処分に関して、行政庁は相手方への教示義務を負いません。

利害関係人の請求による教示制度は、利害関係人が教示を求めた場合に、不服申立てが可能な処分かどうか、不服申立てが可能である場合は不服申立てをすべき行政庁と不服申立期間を、利害関係人に教示することが義務づけられています。この教示は口頭でもかまいませんが、利害関係人から書面による教示を求められた場合は、書面での教示が必要です。

● 教示制度 ●

行政不服審査法が規定する教示制度

相手方への職権による教示

書面で行う処分について相手方に書面で行う教示

① 不服申立てができること
② どの行政庁に申し立てればよいのか
③ いつまでに申し立てるべきか（不服申立期間）

利害関係人の請求による教示

利害関係人の請求があった場合に義務づけられる教示

① 不服申立てが可能かどうか
② どの行政庁に申し立てればよいのか
③ 不服申立期間
（②③は不服申立て可能な場合）

適切な教示が行われなかった場合

処分について行政不服審査法の規定に従った教示が行われなかった場合、処分に不服がある者は救済されます。つまり、処分庁に対し不服申立書を提出することで、正当な不服申立てが行われたものとして扱われます。たとえば、本来は処分庁以外の行政庁に対し審査請求を行わなければならないところ、適切な教示が行われなかったため、処分庁に不服申立書を提出したとしても、正当な審査請求が行われたと扱われ、処分庁は本来の審査庁に対し不服申立書を送付しなければなりません。

また、行政庁が誤った教示をした場合も救済されます。たとえば、行政庁が本来の審査請求期間よりも長い期間を審査請求期間として教示したため、審査請求期間の経過後に審査請求を行ったとしても、審査請求期間内に審査請求を行うことができなかった「正当な理由」があると認められ、正当な審査請求として認められると考えられています。

Column

行政に対する苦情処理制度

行政に対する苦情処理制度とは、行政機関が遂行する事務に関して、広く国民から苦情を受け付ける制度をいいます。本文で説明した行政不服申立てについても、違法だけではなく不当な行政活動も対象に含むため、国民は比較的幅広く不服を申し立てることができます。しかし、行政不服申立ては、処分や不作為（処分の申請に対する不作為）のみを対象とするなど、所定の要件を充たさなければならない点から、より簡易迅速な苦情処理制度の必要性は依然として高いと考えられます。たとえば、総務省は国民からの苦情を受け付け、必要な場合は関係機関の調査を行うなど、苦情あっせん事務を取り扱っています。ただし、行政に対する苦情処理制度では、苦情を受けた行政機関に法的拘束力のある義務を負わせることはできません。

また、行政に対する苦情処理制度として、オンブズマン制度と呼ばれるしくみもあります。オンブズマンとは、スウェーデンで生まれた制度で、国民からの苦情を受け付けて、行政機関に必要な措置を講じるよう求める人を指します。日本でも、内閣府に市場開放問題苦情処理体制（OTO）が、貿易や投資に関する苦情を受け付ける窓口を設けています。しかし、一般の日本国民を対象にした制度ではなく、主に外国企業が日本市場にアクセスする際の貿易障壁などに対する苦情を受け付ける制度です。日本では、主に地方公共団体において採用されています。たとえば、早期にオンブズマン制度を採用した川崎市の場合、行政機関の附属機関として設置された市民オンブズマンが、市民からの苦情を受け付け、苦情の対象になった行政機関に対し改善の勧告や意見を表明することができます。

第6章

行政事件訴訟

1 行政事件訴訟の類型

行政事件訴訟の特色

　行政不服申立ては、行政機関に対し申立てを行い、行政機関自身に違法・不当な行政活動を改めさせる機会を与える構造になっているので、客観性・公平性という点で、どうしても行政側に偏った判断になるおそれがあります。

　そこで、行政活動をめぐる紛争についても、それを強権的に解決する能力を持つ裁判所に救済を求める制度が必要になります。これが行政事件訴訟（行政訴訟）です。行政事件訴訟を活用することで、行政活動により権利利益を侵害された国民側は、より客観的かつ公平な手続に基づいた判断を受けることが可能になります。

　もっとも、行政不服申立ては、違法な行政活動ばかりではなく、不当な行政活動についても審理が可能です。しかし、裁判所が法律に照らして紛争を解決する機関であることから、行政事件訴訟は違法な行政活動のみが審理の対象になります。

行政事件訴訟の2つの類型

　行政事件訴訟に関しては、具体的な訴訟類型や審理の手続などについて、行政事件訴訟法が規定を置いています。行政事件訴訟の類型については、訴訟を提起する目的に応じた主観訴訟と客観訴訟の分類が重要です。

　主観訴訟とは、国民が自らの権利利益の保護を直接の目的にして提起する行政事件訴訟をいいます。たとえば、違法な課税処分を受けた人が、その処分の取消しを求める訴訟などが挙げ

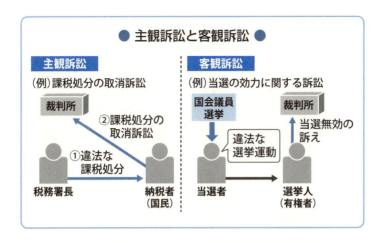

られます。この訴訟は抗告訴訟のひとつである処分取消訴訟にあたります。行政事件訴訟法は、主観訴訟にあたる訴訟類型として抗告訴訟と当事者訴訟の2つを規定しています。

これに対し、客観訴訟とは、行政活動の適法性の維持を目的として提起する行政事件訴訟をいいます。日本の訴訟制度は、原則として、国民の権利義務に関する紛争に対し、法律を適用することによって解決する作用である（法律上の争訟といいます）と考えられています。したがって、国民の権利義務に直接関係しない客観訴訟は、行政事件訴訟法が定めた例外的な訴訟類型です。

客観訴訟の例として、国会議員の選挙において、違法な選挙運動を行った候補者の当選の無効を主張して、選挙人（有権者）が訴えを提起する場合などが挙げられます。この訴訟は民衆訴訟にあたる公職選挙法に基づく当選の効力に関する訴訟ですが、行政事件訴訟法は、客観訴訟にあたる訴訟類型として民衆訴訟と機関訴訟という2つの訴訟類型を規定しています。

抗告訴訟とは

　抗告訴訟とは、行政庁の公権力の行使に不服がある場合に提起される訴訟をいいます。抗告訴訟は、処分や裁決をはじめとする公権力の行使のあり方について訴訟を提起することで、個人の権利利益を救済するというしくみを採用しています。

　行政事件訴訟法は、抗告訴訟として、処分取消訴訟、裁決取消訴訟、無効等確認訴訟、不作為の違法確認訴訟、義務付け訴訟、差止訴訟の6つの訴訟類型を規定しています。これらの訴訟類型は**法定抗告訴訟**とも呼ばれています。ただし、抗告訴訟は6つの訴訟類型以外であっても、行政庁の公権力の行使に関する不服を争う訴訟類型が認められる余地があると考えられています。これを**法定外抗告訴訟**（無名抗告訴訟）といいます。

当事者訴訟とは

　当事者訴訟とは、当事者間における公法上の法律関係を争う訴訟をいいます。行政事件訴訟法は、当事者訴訟として、①当事者間の法律関係の確認や形成を行う処分や裁決に関する訴訟で、当事者の一方を被告にして提起することが法令上定められている訴訟（**形式的当事者訴訟**）と、②公法上の法律関係に関する確認の訴えなど、公法上の法律関係に関する訴訟（**実質的当事者訴訟**）の2つの訴訟類型を規定しています。

　①形式的当事者訴訟の例として、収用裁決により収用された土地を活用する事業者と、その土地の所有者との間で、収用裁決で決められた損失補償額を争う訴訟が挙げられます。収用裁決の内容を争うので、本来は収用裁決をした行政庁を被告とすべきですが、実際に損失補償金を支払う事業者を被告として訴訟を提起すべきことが土地収用法に規定されているため、形式

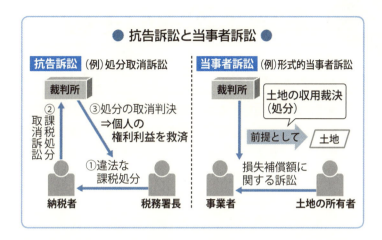

的当事者訴訟に分類されます。一方、②実質的当事者訴訟の例として、公務員が懲戒免職処分の無効を前提として、俸給（給与）の支払いを求める訴訟などが挙げられます。

民衆訴訟と機関訴訟

民衆訴訟とは、選挙人などの資格に基づき、国や地方公共団体の機関による法規に適合しない行為の是正を求める訴訟をいいます。一方、機関訴訟とは、国や地方公共団体の機関相互間における権限の存否やその行使に関する訴訟をいいます。どちらの訴訟も、法律の定める場合において、法律に定める人（機関）に限り、提起することができます。

民衆訴訟の例は、前述した当選の効力に関する訴訟や住民訴訟などが挙げられます。一方、機関訴訟の例は、地方公共団体の長と地方議会との間の権限をめぐる争いに関する訴訟などが挙げられます。

2 取消訴訟中心主義

取消訴訟中心主義とは

　行政事件訴訟が規定する訴訟類型に関して、まず抗告訴訟から詳しく見ていきましょう。行政事件訴訟法は、6種類の抗告訴訟を規定していることは前述のとおりですが、個別の訴訟類型の説明に入る前に理解しておくべき考え方があります。それは取消訴訟中心主義という概念です。

　取消訴訟中心主義とは、法定抗告訴訟ついて、行政事件訴訟法が取消訴訟の手続を詳細に規定した上で、その他の訴訟類型に対しては取消訴訟に関する規定を準用する（あてはめる）という構造を採用していることを指します。つまり、抗告訴訟の原則的な形態が取消訴訟、つまり処分取消訴訟（処分の取消しの訴え）と裁決取消訴訟（裁決の取消しの訴え）であることを示しています。

　したがって、取消訴訟について正確に理解することが、抗告訴訟はもちろん、ひいては行政事件訴訟全体の理解につながります。そこで、本書では、処分性、原告適格、訴えの利益、取消訴訟の審理など、取消訴訟に関する諸問題について詳しく説明していきます。

　なお、現在の行政事件訴訟法は、取消訴訟以外の抗告訴訟として4種類の訴訟類型を規定しています。これは国民の権利利益の保護が目的である抗告訴訟において、それだけ国民に利用を認めている訴訟類型の選択肢が多様化していることを意味します。しかし、依然として国民が提起する抗告訴訟の典型例として、取消訴訟が重要であるという点は変わりません。

第6章 行政事件訴訟

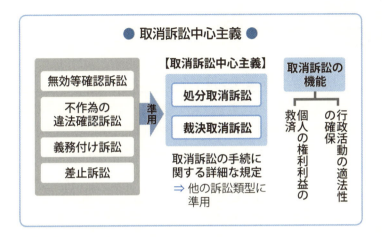

取消訴訟が持っている機能

　取消訴訟には、主に以下のような機能があると考えられています。まず、国民の権利利益が救済されるという機能が挙げられます。取消訴訟が認容され処分や裁決が取り消されると、処分や裁決が行われる前の状態に法律関係が復元され、違法な処分や裁決に基づく不利益な状態が解消される結果として、国民の権利利益が救済されます。

　次に、行政活動の適法性を確保し、法律による行政の原理を支える機能が挙げられます。取消訴訟は国民の権利利益の救済を主な目的としますが、違法な処分や裁決が取り消されることが、結果的に行政活動の適法性確保につながります。

　その他、瑕疵ある行政行為は、行政庁が職権で取り消す場合を除き、原則として、取消訴訟においてのみ取り消すことができるという「取消訴訟の排他的管轄」について、行政行為の公定力の項目（⇨54頁）で説明しましたが、これも取消訴訟の重要な機能のひとつです。

3 処分性

取消訴訟の訴訟要件とは

第5章で学習した「審査請求の要件」と同様に、取消訴訟においても、その提起が認められるための要件は何かという問題を検討することが必要です。一般に訴訟の提起が適法と判断されるための条件を訴訟要件といいます。審査請求の要件の場合と同じく、訴訟要件を充たさない訴訟の提起は不適法として却下され、本案審理が行われないことになります。

そして、取消訴訟の訴訟要件については、とくに「処分性」「原告適格」「訴えの利益」を充たすかどうかが争われるケースが多いことから、これらの訴訟要件を中心に学習します。

処分性とは

処分性とは、国民側が争おうとする行政活動が処分としての性質を持つことをいいます。具体的には、その行政活動が取消訴訟の対象となる「行政庁の処分その他公権力の行使にあたる行為」(これを単に「処分」といいます)にあたることです。あらゆる行政活動が取消訴訟の対象となるわけではなく、処分にあたるものだけが取消訴訟で争うことを許されるのです。

なお、処分性については、処分取消訴訟の訴訟要件となります。一方、裁決取消訴訟の対象となるのは、審査請求などの不服申立てに対する行政庁の裁決・決定などの行為です。このような行為を行政事件訴訟法では「審査請求に対する裁決」とまとめて表現しています。

ここで問題となるのは、争おうとする行政活動が処分(行政

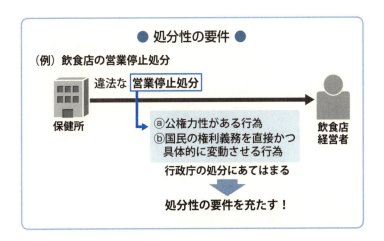

処分）にあたるかどうかです。行政活動が処分にあたらなければ、処分性の要件を充たさず、取消訴訟が不適法として却下されるので、処分性の要件を充たすかどうかは重要です。

処分性の基本的な判断の枠組み

処分の概念については「行政庁の処分」と「その他公権力の行使にあたる行為」に分類することができます。

① 行政庁の処分

行政庁の処分とは、「公権力の主体たる国または公共団体が行う行為のうち、その行為によって、直接国民の権利義務を形成またはその範囲を確定することが法律上認められているものをいう」と定義するのが最高裁判例です。つまり、ⓐ公権力性がある、ⓑ国民の権利義務（法的地位）を直接かつ具体的に変動させる、という基準を充たす行為が行政庁の処分にあたります。ここで「公権力性」とは、行政側が一方的に法律関係を変動させるしくみになっていることを意味します。

このように考えると、行政庁の処分の概念は、行政行為の概念とほぼ一致することになります。したがって、行政行為にあたるものは、原則として処分性の要件を充たすと考えてよいでしょう。たとえば、保健所による飲食店に対する営業停止命令は行政行為ですから、処分性の要件を充たします。

　これに対し、行政契約は行政と国民との合意が前提で、行政側が一方的に法律関係を変動させるわけではないため、前述した①の基準にあてはまらず、処分性の要件を充たしません。

　さらに、行政規則（通達）は行政内部の取り決めで、国民の権利義務に直接影響を及ぼさないので、前述したⓑの基準にあてはまらず、同じく処分性の要件を充たしません。なお、行政規則の外部化（⇨49頁）が認められる行政規則について、処分性の要件を充たすと考える余地がある点が指摘されています。

② その他公権力の行使にあたる行為

　その他公権力の行使にあたる行為とは、行政側が公権力を行使する形で、国民の権利義務に直接影響を与える権力的な事実行為を指すと考えられています。たとえば、行政上の義務履行の確保の手段である代執行や直接強制などは、個人の財産や身体に対し直接影響を及ぼす権力的な事実行為であるため、処分性の要件を充たすことになります。

行政指導の処分性

　行政指導は、相手方の任意の協力を求める行為で、その法的地位を直接かつ具体的に変動させるものではないため、前述したⓑの基準を充たさず、処分性を否定するのが原則です。

　しかし、例外的に行政指導の処分性を肯定した最高裁判例があります。たとえば、都道府県知事が行う医療法に基づく病院

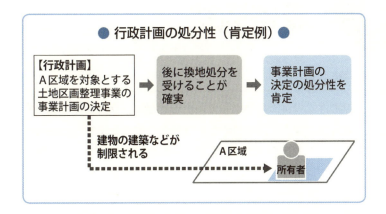

　開設中止の勧告は行政指導ですが、この勧告に従わないと、ほぼ確実に保険医療機関の指定拒否処分が行われる結果、病院開設を事実上断念せざるを得なくなります。したがって、病院開設中止の勧告が相手方の法的地位に直接影響を及ぼしていると考えられるとして、この勧告の処分性が肯定されました。

行政計画の処分性

　計画段階では国民の権利義務に対する影響のおそれがあるにすぎず、行政計画の処分性は否定するのが原則です。

　しかし、国民の権利義務に対する影響の程度が強い行政計画については、処分性を肯定する場合があるとするのが最高裁判例です。たとえば、土地区画整理事業の事業計画が決定されると、事業の区域内の土地所有者は換地処分（別の場所の土地が割り当てられる処分）を受けるべき地位に立たされます。そのため、計画時点でその効力を争う機会を認める方が、国民の権利利益の救済につながるとして、土地区画整理事業の事業計画の決定について処分性を肯定しました。

4 原告適格

原告適格とは

　取消訴訟の訴訟要件としての原告適格は、取消訴訟を提起する資格を持つ人は誰なのかという問題です。とくに、処分（行政処分）や裁決を受けた相手方以外の第三者に対し、どの範囲まで原告適格を認めてよいのかという点が問題となります。

　取消訴訟は国民の権利利益の保護を目的とする抗告訴訟の一類型なので、処分や裁決によって侵害される権利利益を持つ人でなければならない点は、当然の前提であると考えられています。つまり、処分や裁決とまったく無関係である第三者に対しては、原告適格を認めることができないということです。

「法律上の利益を有する者」とは

　行政事件訴訟法9条1項は、取消訴訟の原告適格を持ってい人（原告適格者）とは、「処分又は裁決の取消しを求めるにつき法律上の利益を有する者」であると規定しています。ここで「法律上の利益を有する者」の意味については、法的保護に値する利益説と法律上保護された利益説の対立があります。処分や裁決の相手方は原告適格が肯定されるので、両方の見解はともに「第三者」の原告適格の判断基準となります。

① 法的保護に値する利益説

　法的保護に値する利益説は、処分や裁決によって侵害されたと主張する原告の権利利益が、処分や裁決の根拠となる法令によって直接保護していないものであっても、取消訴訟を利用して保護すべきものであれば、その利益を持つ原告には比較的広

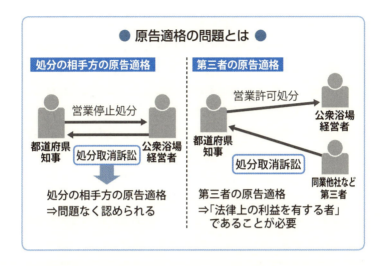

く原告適格を認めることができると考えます。

　法的保護に値する利益説は、取消訴訟により国民の権利利益が保護される機会を多く与えるという利点があります。

　しかし、法的保護に値する利益とはどのような権利利益を指すのかが不明確である、という根本的な問題がある他、取消訴訟を提起することができる人が増えることによって、訴訟権の濫用（濫訴）につながるとの批判が加えられています。

② **法律上保護された利益説**

　最高裁判例は、法律上保護された利益説という考え方を採用しています。法律上保護された利益説は、処分や裁決の根拠となる法令が保護している個人的な権利利益を持つ人が、取消訴訟の原告適格者となると考えます。つまり、取消訴訟の原告適格者とは、原則として、処分や裁決によって自らの権利や法律上保護された利益を侵害された人、またはこれらを侵害されるおそれがある人を指すと考えます。

これに対し、処分や裁決の根拠となる法令が公益の実現を目的としている場合には、その法令が個人的な権利利益の保護と直接関係しないことから、その法令によって個々の国民が受ける権利利益は反射的利益にすぎないとして、この反射的利益しか持たない人の原告適格を否定します。

　もっとも、最高裁判例は「法律上の利益を有する者」を柔軟に考えて、原告適格者の範囲を広げています。原告適格が争われた最高裁判例は数多くあるので、徐々に押さえていくとよいでしょう。たとえば、航空機の騒音被害を解消するため、空港の周辺住民が、航空会社に対する航空機の定期航空運送事業免許の取消しを求めた事例で、当該免許の根拠法令が、処分を通じて、公益の実現を目的としているだけでなく、個々の国民の権利利益の保護もあわせて目的としていると判断して、第三者である空港の周辺住民の原告適格を肯定しています。

「法律上の利益」の解釈基準

　行政事件訴訟法9条2項は、第三者（処分や裁決の相手方以外の人）に「法律上の利益」があるかどうか、つまり第三者に原告適格が認められるかどうか、を判断するための詳細な解釈基準を設けています。この解釈基準は、第三者の原告適格を認める範囲を実質的に拡大するため、平成16年成立の行政事件訴訟法改正で条文を追加したという経緯があります。

　まず、解釈基準の前提として、形式的な判断で原告適格を認める範囲を不当に狭めないようにするため、処分や裁決の根拠法令の文言のみで「法律上の利益」の有無を判断してはならないことを示しています。その上で、以下の事項を考慮して「法律上の利益」の有無を判断すべきことを示しています。

第6章 ■ 行政事件訴訟

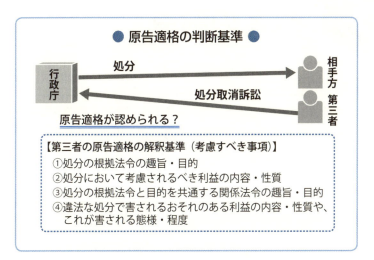

① 処分や裁決の根拠法令の趣旨・目的
② 処分や裁決において考慮されるべき利益の内容・性質
③ 処分や裁決の根拠法令と目的を共通する関係法令の趣旨・目的(①の判断に際して考慮すべき事項)
④ 処分や裁決が違法にされた場合に害されるおそれのある利益の内容・性質や、これが害される態様・程度(②の判断に際して考慮すべき事項)

　上記のうち最も重要なのは、③の関係法令の趣旨・目的も考慮すべき対象に含めている点です。たとえば、ある処分に関して「公益目的」の根拠法令しか存在しなかったが、後から「個人的な権利利益の保護を目的」とする関係法令が制定されたとします。この場合、根拠法令の改正がなくても、関係法令の趣旨・目的を考慮することで、根拠法令には「個人的な権利利益を保護する目的」が含まれると考えて、処分取消訴訟について第三者の原告適格を認めることが可能になります。

5 訴えの利益

訴えの利益とは

　取消訴訟の訴訟要件としての訴えの利益とは、取消訴訟を提起する必要があることをいい、狭義の訴えの利益とも呼ばれています。訴えの利益については、どのような場合に否定されるのかが重要です。

　まず、処分や裁決が原告に不利益といえない場合は、訴えの利益が否定されます。たとえば、公立中学校の教員が、同じ市内にある公立中学校への転任処分について取消訴訟を提起した場合、この転任処分は同一市内の異動にとどまり、教員の地位や俸給（給与）にも変動を与えるものではないので、訴えの利益を否定するのが最高裁判例です。

　次に、一定期間の経過により、訴えの利益が失われる場合もあります。この点は最高裁判例が多く存在するところです。

　最高裁判例では、運転免許の効力停止処分の取消訴訟について、効力停止期間の終了時から無違反・無処分で1年間が経過した場合に、効力停止処分を理由に道路交通法上の不利益を受けなくなるので、訴えの利益を否定しています。また、建築確認の取消訴訟について、建築確認は建物を適法に建築できるという法的効果を与えるのみで、建物完成後は、建築確認を取り消す必要がなくなるので、訴えの利益を否定しています。

例外としての「回復すべき法律上の利益」とは

　行政事件訴訟法は、期間の経過などにより訴えの利益が否定されるとしても、例外的に「回復すべき法律上の利益」がある

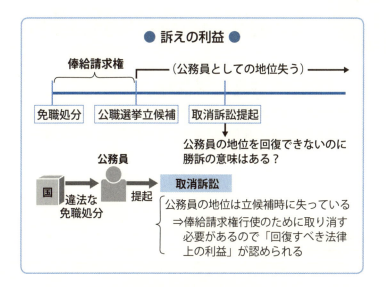

場には、取消訴訟の提起を認めています。もっとも、前述した運転免許の効力停止処分の事例で、効力停止期間の終了時から1年を経過した後も「不名誉が残る」といった程度では「回復すべき法律上の利益」は認めないとするのが最高裁判例です。

これに対し、免職処分を受けた公務員が公職選挙（国会議員選挙など）に立候補した場合、公職選挙法によると公務員は公職選挙に立候補した時点でその身分を失います。そのため、公務員が免職処分の取消訴訟で勝訴しても、その地位を回復することができないから、訴えの利益が否定されるはずです。

しかし、免職処分の時点から公職選挙に立候補した時点までの俸給（給与）請求権を回復するためには、免職処分を取り消す必要があるため、公務員には「回復すべき法律上の利益」が認められます。このように、具体的な経済的利益などが認められる場合に「回復すべき法律上の利益」が肯定されます。

6 その他の取消訴訟の訴訟要件

主観的訴訟要件と客観的訴訟要件

　取消訴訟の訴訟要件である処分性、原告適格、訴えの利益は、取消訴訟を提起した原告の請求内容との関係で、個別具体的に判断することを必要とするため、主観的訴訟要件と呼ばれています。これに対し、一般的・形式的に判断することができる訴訟要件を客観的訴訟要件といいます。

出訴期間

　行政上の法律関係は、いつまでも不安定な状態に置くべきではないことから、取消訴訟は出訴期間が決められています。
　具体的には、処分や裁決があったことを知った日から6か月を経過すると、正当な理由がない限り、取消訴訟の提起ができなくなります。処分や裁決の相手方が「知った」という主観的要素に基づく出訴期間です（主観的出訴期間）。
　さらに、処分や裁決の日から1年を経過すると、正当な理由がない限り、取消訴訟の提起ができなくなります。これは原告の主観を問わず進行する出訴期間です（客観的出訴期間）。

不服申立前置

　国民側が処分を不服として争う方法には、主として審査請求と処分取消訴訟があります。そして、処分によって自らの権利利益を侵害された国民側は、どちらか一方を選択して争うこともできますし、両者を併用して争うこともできるのが原則です。これを自由選択主義といいます。

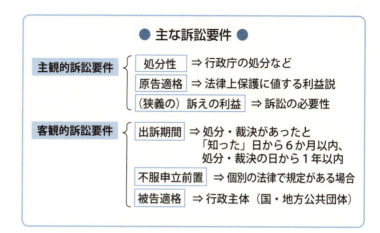

ただし、個別の法律で、審査請求を経た後でなければ処分取消訴訟を提起できないと規定している場合は、先に審査請求を行うことが必要です。これを不服申立前置といいます。

被告適格・管轄裁判所

誰を被告として取消訴訟を提起すべきかについて、行政機関に詳しくない国民側に調査などの義務を負わせるのは妥当といえません。行政事件訴訟法は、原則として、処分や裁決を行った行政庁が所属する国または地方公共団体（行政主体）が被告になると規定しています（被告適格）。もっとも、訴状に処分庁などを記載することは必要ですが、この記載を誤っても原告は不利益に扱われません（訴えは却下されません）。

また、被告適格者が行政主体であることに伴い、事件を担当する権限を持つ裁判所（管轄裁判所）は、原則として、行政主体の所在地を管轄する裁判所か、処分庁や裁決庁の所在地を管轄する裁判所となります。

7 取消訴訟の審理

審理の対象

取消訴訟の訴訟要件に不備がないと判断されると、第5章の「審査請求に対する審理」（⇨118頁）と同じく本案審理に入ります。本案審理では、処分や裁決の違法性の有無が審理の対象となるため、原告は処分や裁決の違法性を広く主張することができます。

違法性の主張については、審査請求の裁決を不服とする裁決取消訴訟と、審査請求の元となった処分（原処分）を不服とする処分取消訴訟の両方を提起できる場合、処分取消訴訟においては、原処分の違法性のみを主張することができるという原則があります。これを原処分主義といいます。原処分主義によると、裁決取消訴訟においては、原処分の違法性ではなく、裁決固有の違法性のみを主張しなければなりません。

違法性の判断の基準時

取消訴訟の審理（本案審理）を行う裁判所は、審理の対象である処分や裁決について、どの時点における違法性を認めることができるのかという問題があります。

たとえば、原告がある課税物件に関する課税処分の取消訴訟を提起したが、訴訟の審理中に、問題の課税物件が非課税物件になるという法改正が行われたとします。この場合、取消訴訟の判決をする時点では、違法な処分であることが明確になっていることから、裁判所は変更後の事情を考慮し、その処分を違法と判断しなければならないのかが問題とされます。

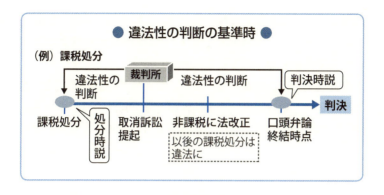

　この問題については、取消訴訟の口頭弁論終結時点（審理がすべて終わった時点）の事実に基づいて違法性を判断すべきという考え方（判決時説）と、処分や裁決が行われた時点の事実に基づいて違法性を判断すべきという考え方（処分時説）の対立があります。最高裁判例は、原則として、処分時説を採用していると考えられています。

審理の基本原則

　行政事件訴訟法7条は、「行政事件訴訟に関し、この法律に定めがない事項については、民事訴訟の例による。」と規定しています。行政事件訴訟法は、取消訴訟の審理については細かく規定を設けていないため、基本的に通常の民事訴訟に関する規定が適用されます。

　したがって、審理手続の全般について当事者の主導権が認められます。これを当事者主義といいます。当事者主義に関連するところでは、処分権主義と弁論主義が重要です。

　処分権主義とは、訴訟の提起、請求内容の設定、訴えの取下げなどについて、当事者の自由な意思を認める考え方です。具

体的には、取消訴訟を提起するのか、どの処分や裁決の取消しを請求するのか、取消訴訟を取り下げるのかどうかなどは、原告の意思にゆだねられるのを原則とします。

弁論主義とは、裁判所は、あくまでも当事者が主張した事実に基づいて、処分や裁決の違法性の有無を判断すべきで、当事者の主張しない事実を判決の基礎とすることはできないとする考え方です。しかし、取消訴訟の場合は、原告よりも被告である行政主体の方が、より多くの資料を持っている他、審理の対象となる処分や裁決は、純粋な私法上の権利と異なり、公共的な側面が強いという特殊性があります。

そこで、行政事件訴訟法は、取消訴訟における**釈明処分の特則**を設けています。通常の民事訴訟において、訴訟関係を明瞭にするための手段である釈明処分は、裁判所が当事者にのみ行使するものです。しかし、釈明処分の特則では、当事者ではない行政庁にも、裁判所が処分や裁決の理由を明らかにする資料・記録の提出などを求めることを認めています。ただし、行政庁が釈明処分に従わない場合の制裁は規定されていません。

原告の主張に関する制限

通常の民事訴訟では、弁論主義の下で、当事者が自由に事実の主張を行うことが可能です。しかし、行政事件訴訟法は、原告が「自己の法律上の利益」に関係ない違法事由を主張し、処分や裁決の取消しを求めることを禁じています。たとえば、租税の滞納処分によって財産の差押えを受けた者は、滞納処分の取消訴訟を提起した際、差押えを受けた財産が他人所有であるとの違法事由（これは自らの法律上の利益に関係ありません）を主張し、滞納処分の取消しを求めることはできません。

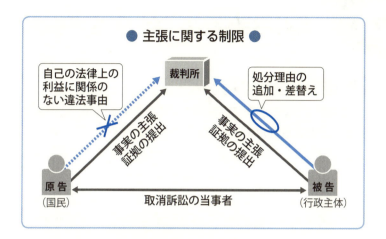

行政主体による理由の追加・差替え

被告である行政主体が、取消訴訟の中で、処分時とは異なる理由の追加・差替えをすることによって、処分の適法性を主張することが許されるのかという問題があります。

取消訴訟の段階で自由な理由の追加・差替えを認めると、処分時の理由の提示が求められる場合、その趣旨に反するとも考えられます。しかし、取消訴訟の段階での理由の追加・差替えは比較的広く認めるのが最高裁判例の傾向です。

訴訟参加

通常の民事訴訟でも、第三者が訴訟に参加することがあります（訴訟参加）。取消訴訟の場合は、処分や裁決が第三者にも影響を及ぼすなど公共的要素が強いため、取消訴訟の結果により権利を害される第三者がいる場合、当事者やその第三者の申立てによるか、職権による訴訟参加が認められています。その他には、関係行政庁の訴訟参加も認められています。

8 取消訴訟に対する判決

取消訴訟に対する判決の種類

　取消訴訟が、裁判所の判決によって終了する場合、その判決については訴訟判決と本案判決に分類されます。

　訴訟判決とは、取消訴訟の訴訟要件を充たさず、訴えが不適法である場合に言い渡す却下判決をいいます。つまり、原告が処分や裁決の取消しを求めて取消訴訟を提起したのに、裁判所から処分や裁決の違法性について判断を受けることができず、いわば「門前払い」を受けた状態のことです。

　これに対し、本案判決とは、訴訟要件を充たしていることを前提に、原告の請求内容に理由があるか否かについての裁判所の判断をいいます。裁判所は、原告の請求を認めて、処分や裁決が違法と判断したときは、認容判決（原告勝訴）を言い渡します。一方、原告の請求を認めず、処分や裁決が適法と判断したときは、棄却判決（原告敗訴）を言い渡します。

　なお、処分や裁決を違法と宣言しつつも、棄却判決を言い渡す場合があります。これを事情判決といいます。処分や裁決を取り消すと公益に著しい支障が生じる場合に、原告の被る損害の程度などを考慮し、処分や裁決を取り消すことが公共の福祉に適合しないと認めるときに、事情判決を選択します。

　たとえば、ダム建設に関する土地の収用裁決を違法と宣言しても、ダムの建設が完了しているため、収用裁決を取り消してダムを取り壊すべきことにすれば、莫大な費用がかかり、災害発生の危険も生じることを考慮し、事情判決を選択して原告に対し棄却判決を言い渡します。

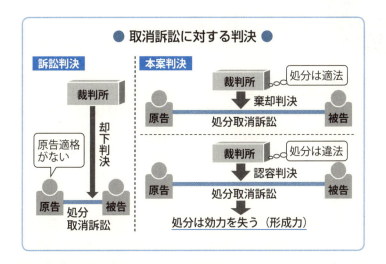

取消判決の効力

　取消訴訟における認容判決（取消判決ともいいます）が確定すると、形成力、既判力、拘束力といった効力が生じます。

　形成力とは、取消判決の確定により、処分時や裁決時にさかのぼって処分や裁決の効力が失われることをいい、第三者にも形成力が広く及びます。たとえば、近隣住民が建築確認の取消訴訟を提起し、その取消判決が確定すると、形成力が建築主にも及ぶため、建築主は建物を適法に建築できなくなります。

　既判力とは、判決が確定すると、後から同一事項に関する争いが生じた場合、矛盾する判決を言い渡すことが禁止される効力をいいます。既判力は却下や棄却の判決にも認められます。

　拘束力とは、確定した取消判決に関係行政庁も従うべきことをいいます。たとえば、営業許可申請の拒否処分を不服とする取消訴訟について取消判決が言い渡されると、関係行政庁は、同一の理由に基づく申請拒否処分はできなくなります。

9 執行停止

執行不停止の原則とは

処分取消訴訟（処分の取消しの訴え）を提起しても、処分の効力、処分の執行、処分の手続の続行は停止しません。これを執行不停止の原則といいます。処分とほぼ同じ概念である行政行為には公定力が認められ、権限ある機関が取り消すまで効力を失わないことからも、執行不停止の原則が導かれます。

たとえば、営業禁止処分を受けた飲食店の経営者が、営業禁止処分の取消訴訟を提起しても、訴訟を提起した時点では営業禁止の効力は失われません。そして、取消訴訟の判決が言い渡されるまでには相応の時間を要することから、その間に営業禁止命令が解除されない限り、飲食店の営業ができず、本来得られたはずの営業利益を失うなど、多大な損害を被るおそれがあります。そのため、取消判決を得られたとしても、国民の現実の権利利益の救済につながらない場合もあります。

執行停止とは

行政事件訴訟法は、処分取消訴訟において、原告が請求する状態を仮に作り出して救済する趣旨から、執行停止の制度を設けています。執行停止とは、裁判所が、処分の効力、処分の執行、処分の手続の続行の停止を認める制度をいいます。

原告が執行停止を申し立てるには、処分取消訴訟を適法に提起することが必要です。訴訟要件を充たさない処分取消訴訟を提起しても、執行停止の申立てはできません。さらに、処分、処分の執行、処分の手続の続行によって生じる重大な損害を避

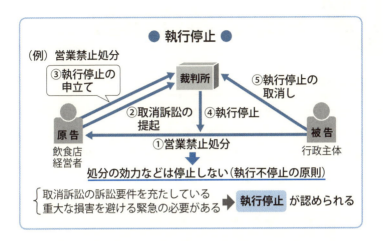

けるため、緊急の必要があることも必要です。重大な損害にあたるか否かは、損害の性質・程度や処分の内容・性質を参考にした上で、損害の回復の困難の程度を考慮して判断します。

もっとも、執行停止を認めると公共の福祉に重大な影響が生じる場合や、本案について理由がない（棄却判決になる）と考えられる場合は、執行停止の申立てが認められません。

執行停止の取消し・内閣総理大臣の異議など

執行停止の理由が消滅した場合などは、相手方（被告）の申立てにより、裁判所は執行停止の取消しが可能です。

また、内閣総理大臣が理由を付けて異議を述べると、裁判所が執行停止を行えなくなる他、すでに行われている執行停止が取り消されます。これを内閣総理大臣の異議といいます。

なお、処分に対する行政不服申立ても、ほぼ同様の執行停止の制度を設けています。主な相違点は、職権による執行停止の制度があることと、内閣総理大臣の異議がないことです。

10 無効等確認訴訟

無効等確認訴訟とは

　無効等確認訴訟（無効等確認の訴え）とは、処分や裁決の有効・無効・存在・不存在（まとめて「無効等」といいます）の確認を求めるための抗告訴訟をいいます。多くの場合は、処分や裁決の「無効」を確認するために利用されています。

　無効等確認訴訟に関しては、取消訴訟を補充する役割があると考えられています。無効等確認訴訟には出訴期間の制限がないので、取消訴訟の出訴期間が経過した国民の権利利益を救済する手段を残しておくという役割があります。

　もっとも、無効等確認訴訟を提起して処分や裁決の違法性を争う場合には、それが無効であることを主張しなければなりません。そして、処分や裁決を無効とするためには、その違法性が重大かつ明白であることが必要です。このように、無効等確認訴訟は取消訴訟より高いハードルを用意していますが、これは出訴期間の経過後も提起できるという性質からも、それだけ重度の違法性が要求されているということです。

　なお、個別の法律で不服申立前置が規定されている処分についても、不服申立てを先に行わず、直ちに無効等確認訴訟を提起することが認められます。

現在の法律関係に関する訴えとの関係

　無効である処分や裁決は、はじめから当然に効力が認められないので、処分や裁決が無効であることを前提に、現在の法律関係を訴訟で争うという方法によって、自らの権利利益を救済

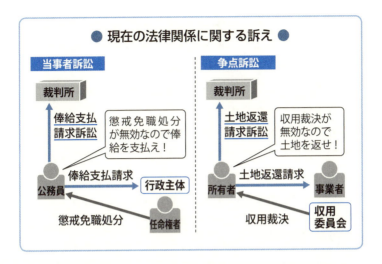

することも可能です。これを現在の法律関係に関する訴えといいます。行政事件訴訟法は、現在の法律関係に関する訴えとして、当事者訴訟と争点訴訟を規定しています。

現在の法律関係に関する訴えが、公務員関係など公法上の法律関係を争う訴訟である場合が当事者訴訟です。一方、土地の所有権など私法上の法律関係を争う訴訟である場合が争点訴訟です。両者については、当事者訴訟が行政事件訴訟に含まれるのに対し、争点訴訟は行政事件訴訟に含まれず、通常の民事訴訟であるという違いがあります。

たとえば、懲戒免職処分の無効を前提に、公務員が俸給（給料）支払請求訴訟を提起するのが当事者訴訟です。一方、土地収用に関する収用裁決の無効を前提に、土地所有者が起業者に対し土地返還請求訴訟を提起するのが争点訴訟です。

行政事件訴訟法は、現在の法律関係に関する訴えと無効等確認訴訟との関係について、原則として、現在の法律関係に関す

る訴えによっては救済されないような場合に、無効等確認訴訟の提起を認めています（後述する原告適格の③にあたります）。つまり、取消訴訟との関係と同様に、現在の法律関係に関する訴えとの関係においても、無効等確認訴訟が補充的に機能することが予定されています。

そして、最高裁判例は、個々の紛争を解決するため、現在の法律関係に関する訴えと無効等確認訴訟のうち、どちらが「より直截（直接）的で適切な争訟形態」であるのかという基準によって、原告が利用すべき訴訟類型を判断しています。

無効等確認訴訟の訴訟要件

無効等確認訴訟の訴訟要件のうち、処分性、訴えの利益、被告適格、管轄裁判所は取消訴訟と共通します。一方、出訴期間の制限はなく、不服申立前置は適用されません。無効等確認訴訟の訴訟要件は、とくに原告適格がポイントとなります。

原告適格について、行政事件訴訟法36条は、①処分や裁決に続く処分により損害を受けるおそれのある者や、②処分や裁決の無効等（有効・無効・存在・不存在）を確認する法律上の利益を持つ者で、③処分や裁決の存否や効力の有無を前提とする現在の法律関係に関する訴えによっては目的（自らの権利利益の救済）を達することができない場合に、無効等確認訴訟を提起することを認めています。

②の「法律上の利益を持つ者」は、取消訴訟の原告適格と同様に、法律上保護された利益説（⇨139頁）に基づいて判断すると考えられています。③については、前述した現在の法律関係に関する訴えとの間での補充性を述べた要件です。

さらに、無効等確認訴訟の原告適格については、①～③の要

> ● **無効等確認訴訟の原告適格** ●
>
> **原告適格の判断要素**
>
> ① 処分・裁決に続く処分により損害を受けるおそれのある者
> ② 処分や裁決の無効等を確認する法律上の利益を持つ者
> ③ 処分・裁決の存否や効力の有無を前提とする現在の法律関係に関する訴えによって目的を達することができない場合
>
> 対立 一元説 ①+③ or ②+③　二元説 ① or ②+③

件に関する理解の違いによって、2つの考え方があります。

まず、①〜③の要件を全体的に（一元的に）とらえ、①と③の要件を充たす場合か、②と③の要件を充たす場合に、無効等確認訴訟を提起できるとする考え方があります（一元説）。

これに対し、①の要件を充たす場合は、それだけで予防的無効等確認訴訟として提起可能であると考える他、②と③の要件を充たす場合にも、補充的無効等確認訴訟として提起可能であると考える、というように原告適格を2つに分類する考え方があります（二元説）。最高裁判例は二元説に基づいていると言われています。

無効等確認訴訟の審理や判決

無効等確認訴訟の審理は、訴訟参加や釈明処分など、取消訴訟の規定が多く準用されます。また、判決の効力に関して、既判力や拘束力は認められますが、もともと無効等であることを確認するだけで、新たな法律関係の変動は生じないため、形成力はないと考えられています。

11 不作為の違法確認訴訟

不作為の違法確認訴訟とは

不作為の違法確認訴訟（不作為の違法確認の訴え）とは、法令に基づく国民の申請に対し、行政庁が何らの処分や裁決を行わない場合に、処分や裁決を行わないこと（不作為）が違法である旨の確認を裁判所に求めるための抗告訴訟をいいます。

たとえば、飲食店を開業する者が、食品衛生法に基づき、保健所（行政庁）に営業許可申請を行ったところ、長期間経過しても保健所が何ら応答をしなかったとします。保健所が許可処分・拒否処分のどちらも行わない状態で申請を放置しているのでは、申請者側はいつまでも法律関係が安定しません。

そこで、行政庁に対し法令に基づく申請に対する適正かつ迅速な対応を促進するため、その行政庁の所属する行政主体を被告として、不作為の違法確認訴訟の提起が認められています。

不作為の違法確認訴訟の訴訟要件

不作為の違法確認訴訟も、取消訴訟と同様に、不作為の対象が処分である場合は、処分性を充たすことが必要です。

一方、取消訴訟と異なり、出訴期間の制限はなく、不作為の状態が継続している限り、いつでも訴訟を提起できます。さらに、不作為の違法確認訴訟の最大の特徴は、原告適格が「法令に基づく申請」を行った者に限る点です。もっとも、申請は適法な申請でなくてもかまいません。行政庁は不適法な申請を却下するという形で応答する義務を負うからです。

また、行政事件訴訟法は、行政庁の不作為状態が相当の期間

第6章 ■ 行政事件訴訟

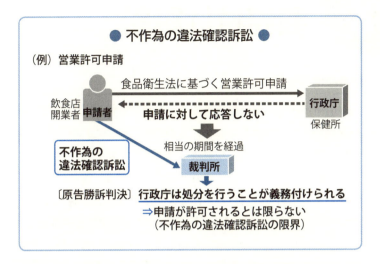

を経過した後でなければ、不作為の違法確認訴訟を提起できないという制限を設けています。この「相当の期間」を経過したか否かは、標準処理期間（⇨91頁）が一応の参考になります。ただし、標準処理期間の経過と相当の期間の経過は、完全に一致するわけではありません。

不作為の違法確認訴訟の限界

不作為の違法確認訴訟で、原告が勝訴判決を得ると、行政庁は、原告が行った申請に対し何らかの処分を行うことが義務づけられます。しかし、申請に対し許可処分を行うことが義務づけられるわけではないので、行政庁が申請に対し拒否処分を行うと、国民側は改めて、拒否処分に対し行政不服申立てや取消訴訟によって争うべき負担を負います。そのような二度手間を回避する方法が、後述する申請型義務付け訴訟と不作為の違法確認訴訟との併合提起です。

12 義務付け訴訟

義務付け訴訟とは

　義務付け訴訟（義務付けの訴え）とは、行政庁が一定の処分や裁決をしなければならないにもかかわらず、これをしない場合に、行政庁がその処分や裁決をせよと命じることを裁判所に求める抗告訴訟をいいます。行政事件訴訟法は、義務付け訴訟について、申請型義務付け訴訟と非申請型義務付け訴訟という2つの類型に分けて規定しています。申請型義務付け訴訟は、行政庁と行政庁の処分や裁決の相手方との間の二面関係の中で提起される類型です。処分や裁決の相手方が原告で、行政庁の所属する行政主体を被告として、申請型義務付け訴訟が提起されます。

　これに対し、非申請型義務付け訴訟は、主に三面関係の中で提起されることが想定された類型です。行政庁が他人に行うべき処分を行っていない場合に、処分との関係では第三者にあたる人が原告で、行政庁の所属する行政主体を被告として、非申請型義務付け訴訟が提起されます。

申請型義務付け訴訟とは

　申請型義務付け訴訟とは、法令に基づいて申請や審査請求をした人が、申請や審査請求の内容を認めることを求めて提起する訴訟をいいます。申請型義務付け訴訟は、法令に基づく申請や審査請求に対し、①行政庁が何らの処分や裁決を行わない場合に提起する訴訟と、②申請や審査請求を認めない処分や裁決を受けた場合に提起する訴訟に分類されます。

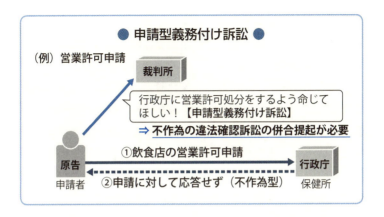

　申請に対する応答がない場合は、不作為の違法確認訴訟を提起できます。また、申請を認めない処分（拒否処分）を受けた場合は、取消訴訟や無効等確認訴訟を提起できます。しかし、不作為の違法確認訴訟で勝訴しても、原告が望む許可処分がなされる保証はありません。また、取消訴訟や無効等確認訴訟で勝訴しても、処分が取り消されるか、処分の無効等が確認されるだけで、原告が望む許可処分がなされるとは限りません。

　申請型義務付け訴訟は、直接的に申請や審査請求の内容を認める処分や裁決を求める訴訟類型ですから、国民の現実的な権利利益の救済につながることが期待されています。

申請型義務付け訴訟の訴訟要件

　申請型義務付け訴訟を提起できるのは、法令に基づく申請や審査請求をした人（申請者など）に限られます。そして、前述した①の場合（不作為型）は、不作為の違法確認訴訟を併合して提起しなければなりません。これに対し、前述した②の場合（拒否処分型）は、処分や裁決の取消訴訟あるいは無効等確認

訴訟を併合して提起しなければなりません。

たとえば、飲食店の営業許可申請を保健所に行ったが、その申請が放置されているときは、①の場合（不作為型）にあたります。したがって、申請者は、保健所の所属する行政主体を被告として、「営業許可の義務付け訴訟」と「営業許可申請の不作為の違法確認訴訟」を併合して提起する必要があります。

このように、申請型義務付け訴訟は他の抗告訴訟との併合提起が必須となるので、併合された抗告訴訟の訴訟要件（取消訴訟の場合は出訴期間など）を充たすことも必要です。

非申請型義務付け訴訟とは

非申請型義務付け訴訟とは、行政庁が一定の処分を行わない場合に、これを行うように命じることを求める訴訟をいいます。申請型義務付け訴訟を提起できる場合は、非申請型義務付け訴訟の対象外となるため、主に処分との関係で第三者となる人が提起することが想定されています。

たとえば、産業廃棄物処理業者が、産廃施設から人体に害がある鉛などを河川に流し、周辺の生活環境に影響を与えるおそれがある場合、産廃施設の周辺住民が、都道府県に対し、知事が廃棄物処理法に基づく生活環境保全に必要な措置命令を業者に行うよう命じることを求める訴訟が挙げられます。

非申請型義務付け訴訟の訴訟要件

非申請型義務付け訴訟を提起するには、①行政庁が一定の処分を行わないことで、重大な損害が生じるおそれがあること、②その損害を避けるため他に適当な方法がないこと、③行政庁に一定の処分を求める法律上の利益があることが必要です。

第6章 ■ 行政事件訴訟

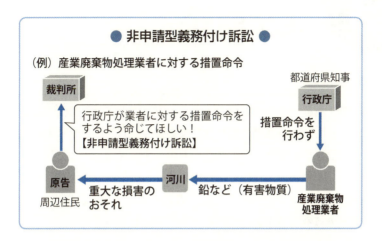

　①の「重大な損害」にあたるか否かは、損害の回復がどの程度困難であるかを基準に、損害の性質・程度や処分の内容・性質を考慮して判断します。また、③の「法律上の利益」については、取消訴訟の原告適格と同様に考えます。

義務付け訴訟の判決と仮の義務付け

　義務付け訴訟の審理を経て、行政庁が処分や裁決を行わないことが、根拠法令から明らかに違法な場合であるか、裁量権の範囲を逸脱・濫用している場合に、原告の請求の認容判決（義務付け判決）が言い渡されます。申請型義務付け訴訟で認容判決を得るには、併合提起した抗告訴訟に理由がある（認容判決を言い渡すべき場合である）ことも必要です。

　また、義務付け訴訟においても、取消訴訟の執行停止と同様に、仮の救済制度として仮の義務付けがあります。仮の義務付けは、義務付け訴訟の訴訟要件を充たし、償うことができない損害を避けるため緊急の必要がある場合に認められます。

13 差止訴訟

差止訴訟とは

差止訴訟(差止めの訴え)とは、行政庁が処分や裁決をしようとしている場合に、これをしないよう命じることを求める抗告訴訟をいいます。取消訴訟などの抗告訴訟は、すでに行われた処分や裁決の違法性を事後的に争うものが多いですが、差止訴訟は、いまだ行われていない処分や裁決を事前に阻止して、国民の権利利益を保護することを目的としています。

差止訴訟が認められる根拠は、処分や裁決の効力を事後的に争う方法では、国民に回復困難な損害が生じる場合がある点に求められます。

たとえば、違法な職務命令に基づいて、命令に従わない公立学校の教職員に対し、「戒告→減給」と徐々に重い懲戒処分が加えられている場合、懲戒処分の取消訴訟を提起しても、判決が言い渡される前に、さらなる職務命令違反に対し、より重い懲戒処分が行われ、教職員が深刻な損害を受けるおそれがあります。この場合、事前に重い懲戒処分の差止訴訟を提起することが、教職員の権利利益の保護に適した救済手段となります。

差止訴訟の訴訟要件

差止訴訟を提起するためには、①一定の処分や裁決が行われることにより重大な損害が生じること、②その損害を避けるため他の適当な方法がないこと、③行政庁に一定の処分や裁決をしないよう求める法律上の利益があることが必要です。

①の「重大な損害」の有無は、損害の回復がどの程度困難で

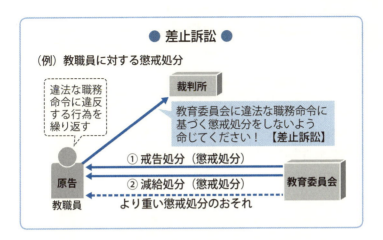

あるかを基準に、損害の性質・程度と処分や裁決の内容・性質を考慮して判断します。③の「法律上の利益」は、取消訴訟の原告適格と同様に考えます。差止めを求める処分や裁決については、具体的な処分や裁決の内容まで特定することは必要としないと考えられています。

差止訴訟の判決と仮の差止め

差止訴訟の審理を経て、行政庁が処分や裁決をすべきではないことが、根拠法令から明らかな場合であるか、処分や裁決を行うことが裁量権の範囲を逸脱・濫用している場合に、原告の請求の認容判決（差止判決）が言い渡されます。

また、訴訟の審理中に処分や裁決が行われると、差止訴訟の意味が失われるため、暫定的に処分や裁決の差止めを命じる仮の差止めが認められています。仮の差止めは、差止訴訟の訴訟要件を充たし、仮の義務付けと同様に「償うことができない損害」を避ける緊急の必要がある場合に認められます。

14 当事者訴訟

形式的当事者訴訟とその典型例

処分や裁決について争う抗告訴訟と異なり、当事者訴訟は公法上の法律関係を争う行政事件訴訟であり、形式的当事者訴訟と実質的当事者訴訟に分類されます。

形式的当事者訴訟とは、当事者間の法律関係の確認や形成を行う処分や裁決に関する訴訟で、当事者の一方を被告にして提起することが法令上定められている訴訟をいいます。つまり、法令の規定が訴訟の当事者を指定しており、処分や裁決に基づいた公法上の法律関係を争うという訴訟です。

形式的当事者訴訟の典型例が、土地収用に関する収用裁決で決められた損失補償額に不服がある場合に、土地所有者と起業者との間で損失補償額を争う訴訟です(土地収用法133条)。

収用裁決の内容に不服がある場合は、収用裁決をした収用委員会の所属する行政主体を被告として、収用裁決の取消訴訟を提起するのが原則です。しかし、損失補償は起業者から土地所有者に支払われるので、土地の収用自体は認めるが損失補償額に争いがあるときは、支払いの当事者である起業者と土地所有者との間で争わせるのが合理的です。このように考えて、損失補償額を争う場合は形式的当事者訴訟を採用しています。

実質的当事者訴訟とその活用論

実質的当事者訴訟とは、公法上の法律関係に関する訴訟をいいます。行政事件訴訟法は「公法上の法律関係に関する確認の訴え」を例示しています。その他には、無効な懲戒免職処分を

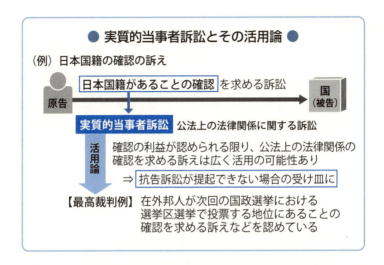

前提とする公務員の俸給支払請求訴訟など、公法上の法律関係に関する給付の訴えも実質的当事者訴訟にあたります。

「公法上の法律関係に関する確認の訴え」の具体例としては、国を被告とする日本国籍の確認の訴えなどが挙げられます。この確認訴訟としての当事者訴訟は、通常の民事訴訟としての確認訴訟における確認の利益(主に確認訴訟を選択することが適切か否かに関する判断基準)が認められる限り、その活用の可能性があることが指摘されています。これを(確認訴訟としての) 公法上の当事者訴訟の活用論といいます。

公法上の法律関係に関する確認の訴えは、抗告訴訟を提起して不服を争う手段がない行政活動の相手方にとって、救済の受け皿になる役割が期待されています。最高裁判例においても、在外邦人が在外選挙人名簿に基づき、次回の国政選挙における選挙区選挙で投票する地位にあることの確認を求める訴えなどを認めています。

Column

住民訴訟

住民訴訟とは、民衆訴訟の一種であり、住民が地方公共団体の機関や職員による財務会計上の違法行為や怠る事実（すべき行為をしていないこと）について、その是正を求めて提起する訴訟をいいます。住民訴訟は、地方公共団体における住民の直接請求権のひとつであり、地方公共団体による行政活動の適法性を維持する重要な制度です。

住民訴訟を提起するには、事前に監査委員に対し住民監査請求を行っておく必要があります。住民監査請求に対する監査結果に不服がある場合や、監査請求から60日以内に監査委員が監査や勧告を行わない場合に住民訴訟を提起できます。

住民訴訟の原告適格者は、住民監査請求を行った住民に限られます。ただし、有権者でなくてもかまわないので、外国人や法人なども住民監査請求を経て住民訴訟を提起できます。また、住民訴訟は、その対象が財務会計上の行為や不作為に限定されますが、抗告訴訟に類似した以下の4つの訴訟類型を設けているという特徴があります。また、最も利用されているのが④の訴訟類型であり、4号訴訟と呼ばれています。

① 違法な財務会計行為の差止めを求める差止請求
② 違法な行政財産の使用を認める処分などを対象に、処分の取消しや無効の確認を求める取消請求・無効確認請求
③ 地方公共団体の機関などが必要な租税の徴収などを怠っている場合に、その怠っている事実が違法であることの確認を求める違法確認請求
④ 地方公共団体が職員やその他の者に対し損害賠償請求権や不当利得返還請求権などを持っている場合に、それらを行使するよう義務付ける義務付け請求

第7章

国家賠償

1 国家補償の類型

国家補償の類型

　国家補償は、国や地方公共団体の行政活動などを原因として生じた損失について、原因を作出した国や地方公共団体が責任を持って、損失の填補（金銭による埋め合わせが原則）を行う制度であって、国民の権利利益の救済を図る行政救済法の一類型となっています。国家補償については、違法な行政活動による損害の賠償に関する国家賠償と、適法な行政活動による損失の補償に関する損失補償に分類されます。以下では、まず国家賠償に関して説明していきます。

国家賠償の制度と国家無答責の法理の否定

　憲法17条は、国家賠償の制度について、何人も、公務員の不法行為によって損害を受けた場合、国や地方公共団体に対して賠償を求めることができることを明示しています。

　この規定は、国家が誤った行為を行うことはないため、違法な国家行為に対する損害賠償の概念は成立しないという「国家無答責の法理」の考え方を明確に否定した点に、重要な意味があります。そして、憲法17条を受けて、国家賠償の制度に関する具体的な内容を規定した法律が国家賠償法です。

国家賠償の類型

　国家賠償法は、違法な行政活動の対象に応じて、①違法な公権力の行使に対する国家賠償と、②安全管理が不十分である公の営造物の瑕疵（欠陥があること）に基づく国家賠償という2

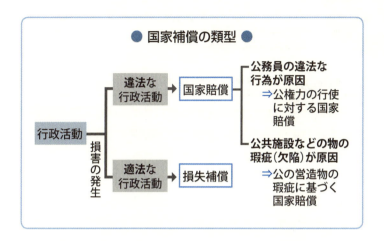

つの形式を規定しています。つまり、①が公務員の「行為」が原因で生じる損害に対する賠償であるのに対し、②が公共施設などの「物」（公の営造物）が原因で生じる損害に対する賠償だと考えることができます。

　公権力の行使に対する国家賠償の例としては、警察官がスピード違反をした自動車の運転手をパトカーで追いかける際に、危険な幅寄せ行為などを行った結果、運転手が事故を起こして重傷を負った場合が挙げられます。運転手は警察官の違法行為により負傷したとして、治療費などの支払いを求める国家賠償請求訴訟が可能です。

　公の営造物の瑕疵に基づく国家賠償の例としては、公園の遊具のネジが緩んでいたにもかかわらず、必要な点検や修理などを怠ったため、子どもが遊具の使用中に負傷した場合が挙げられます。子ども（実際は保護者が訴訟を起こします）は、公園を管理する国や地方公共団体を被告として、治療費などの支払いを求める国家賠償請求訴訟が可能です。

2 公権力の行使に対する国家賠償

公権力の行使に対する国家賠償の法的性質

　国家賠償法1条は、公権力の行使に対する国家賠償の責任について、公務員の違法行為が原因で損害が発生した場合、国や地方公共団体が被害者に対して損害賠償責任を負うと規定しています。この国家賠償法1条に基づく損害賠償責任の法的性質については、自己責任説と代位責任説の争いがあります。

　自己責任説は、公権力の行使に対する国家賠償責任は「個々の公務員の行為＝国や地方公共団体自身の行為」であるとみなして、いわば自身の行為から生じた損害について、国や地方公共団体が自己責任として損害賠償責任を負うものと考えます。

　これに対し、代位責任説は、公務員の行為から生じた損害については、公務員個人が損害賠償責任を負うことを前提に、国家賠償法1条は、その損害賠償責任を国や地方公共団体が代わりに負担するしくみであると考えます。国家賠償法1条が行為者である公務員の故意や過失などを明記していることから、最高裁判例は代位責任説を前提としています。

公権力の行使に対する国家賠償の要件

　公権力の行使に対する国家賠償については、以下の7つの要件を充たす場合に、国や地方公共団体が損害賠償責任を負うことになります。ここでは②〜⑥の要件を説明していきます。
① 加害行為者が国・地方公共団体に属する
② 加害行為が公権力の行使にあたる
③ 加害行為者が公務員である

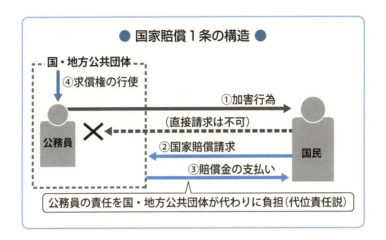

④ 職務を行うについて加害行為をした（職務行為）
⑤ 加害行為に違法性がある
⑥ 加害行為が公務員の故意・過失による
⑦ 加害行為によって他人に損害が生じた

公権力の行使とは

　要件②の「公権力の行使」の意味について、行政行為や行政上の強制執行などの権力的活動に「公権力の行使」を限定するのが狭義説です。これに対し、「公権力の行使」には、私法上の契約のような私人と同様の経済活動（純粋な私経済作用）と公の営造物の設置管理（⇨176頁）に関する作用を除いて、広く行政活動を含むものと考えるのが広義説です。

　国家賠償法による国民の救済を広く認める観点から、最高裁判例は広義説を採用していると考えられています。なお、純粋な私経済作用に基づく損害賠償は、原則として民法上の不法行為に関する規定を適用すべきと考えます。

公務員とは

公務員とは、公務員としての地位を持っているか否かを問わず、前述した「公権力の行使」の権限が与えられた人をいいます。そのため、国家公務員や地方公務員ではなくても、予防接種事務を行う医師・看護師や、建築確認事務を行う指定確認検査機関など、国や地方公共団体から行政活動の委託を受けた民間人が公務員にあたると判断されることがあります。

また、1つの行政活動に複数人による一連の行為が混在し、加害行為者である公務員の特定が困難な場合があります。最高裁判例は、一連の行為のすべてに公務員の職務行為が介在していれば、公務員の行為として国家賠償責任を認めています。

職務行為とは

職務行為とは、国や地方公共団体の職務を執行するのに必要とされる公務員の行為をいいます。最高裁判例は、客観的に職務執行の外形を整えていれば、公務員の主観を問わず、職務執行にあたると考えています（外形標準説）。

たとえば、非番の警察官が制服を着用し、職務とは無関係な理由で拳銃を発砲した行為は、制服着用の点で職務行為の外形を整えているため、職務執行にあたると認められます。

違法性と故意・過失との関係

行政活動は法律に基づいて行うべきですから（法律による行政の原理）、公務員が法律に反する行政活動を行えば、国家賠償法1条における違法と評価されるのが大原則です。

しかし、最高裁判例は、公務員の行為が行われた当時の状況などを考慮し、国民への損害発生を防止するため、公務員が職

● 公権力の行使に対する国家賠償請求の要件 ●

①国・地方公共団体	国家賠償責任を負うのは行政主体
②公権力の行使	純粋な私経済作用と公の営造物の設置管理作用を除く行政活動（広義説）
③公務員	行政活動の委託を受けた民間人も含む
④職務行為	職務執行の外形を備える場合（外形標準説）
⑤違法性	損害発生を防止する職務上要求される注意義務を怠った場合（職務行為基準説）
⑥故意・過失	客観的過失＝違法性（違法性と過失の一元化）
⑦損害発生	公務員の行為と損害発生との因果関係も必要

務上通常要求される注意義務を怠った状態が、国家賠償法1条の違法であると考えます（職務行為基準説）。職務行為基準説によると、行政活動が法律に反していても、それを行った公務員が通常要求される注意義務を尽くしていれば、国家賠償法1条の違法とは評価されないと判断される余地があります。

このような違法性の考え方は、故意・過失の考え方にも影響を与えています。故意とは、損害発生を意識して行為に及ぶことですが、故意の有無が問題になることは多くありません。これに対し、過失とは、損害発生の危険を認識していたが、結果を回避するために必要な注意を怠ること（注意義務違反）をいいます。そして、注意義務違反の有無は、平均的な公務員を基準に客観的に判断すると考えられています（過失の客観化）。

このように、過失と違法性の判断が「注意義務違反」の点で重複することから、過失と違法性をセットで（一元的に）判断する考え方があり、これを違法性と過失の一元化といいます。

3 公の営造物の瑕疵に基づく国家賠償

公の営造物の瑕疵に基づく国家賠償とは

国家賠償法2条は、公の営造物の瑕疵に基づく国家賠償の責任について、道路、河川その他の公の営造物の設置や管理に瑕疵（欠陥）があるため、他人に損害が生じたときは、国や地方公共団体が損害賠償責任を負うと規定しています。

たとえば、公立学校に設置された遊具が老朽化しているにもかかわらず、必要な点検などが行われず、児童の使用中にネジが外れ、その児童が負傷した場合などが挙げられます。このとき、負傷した児童（その児童の保護者）は、治療費などの損害賠償を設置管理者である地方公共団体に請求できます。

土地工作物責任や国家賠償法1条との違い

遊具などの公の営造物の設置・管理に瑕疵がある場合、民法が規定する土地工作物責任に基づき、損害賠償を請求することも考えられます。しかし、国家賠償法2条にいう「公の営造物」は、後述するように土地工作物よりも広い概念であるため、土地工作物責任よりも救済範囲が広いという特徴があります。

また、国や地方公共団体が占有者として管理していても、国民が所有する物もあります（他有公物）。この場合に土地工作物責任を適用すると、土地工作物の占有者が、損害発生を防止するために必要な注意を行っていれば、その占有者が免責されるとともに、所有者が無過失の損害賠償責任を負います。

したがって、物の設置管理に瑕疵があっても、占有者である国や地方公共団体が免責され、所有者である国民だけが損害賠

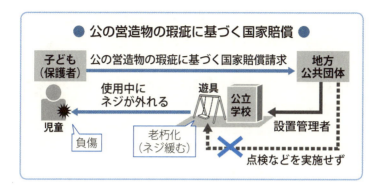

償責任を負う危険性があります。これでは国民が損害賠償責任を果たさない場合に、被害者が救済されないおそれが生じかねません。しかし、国家賠償法2条には、国や地方公共団体の損害賠償責任に関する免責規定がありませんので、被害者の現実の救済につながると考えられています。

さらに、国家賠償法1条が公務員の故意・過失を要件とするのに対し、国家賠償法2条はこれを要件としないので、公務員の故意・過失を問題とすることなく、国や地方公共団体に対し損害賠償責任を負わせることができます。このことから、「国家賠償法2条は無過失責任である」と言われています。

公の営造物とは

公の営造物の瑕疵に基づく国家賠償請求を行うには、①公の営造物につき、②その設置や管理に瑕疵があり、③他人に損害が発生したことが必要です。

まず、公の営造物とは、国や地方公共団体により、直接公の目的で用いられている有体物(動産や不動産のこと)をいいます。国家賠償法2条が明示する道路や河川をはじめ、官公庁舎

(市役所など)、公立学校の校舎、公立病院の建物、公園の遊具、緊急車両など、広く有体物が含まれます。また、公の営造物については、道路や建物などの人が手を加えて作られた人工的なもの(人工公物)と、河川や湖沼などの自然に存在しているもの(自然公物)に分類することができます。

なお、後に売却される物納形式で納税された土地など、公の目的で用いるものでなければ、国や地方公共団体の所有物であるとしても、公の営造物から除外されます。一方、前述のように私有地を借り受けて公園として用いている場合(他有公物)には、占有者である国や地方公共団体が管理権限を持っているため、公の営造物に含まれます。

設置や管理の瑕疵(欠陥)とは

公の営造物の設置や管理の瑕疵とは、公の営造物が通常持っていると期待される安全性を欠いた状態をいいます。設置や管理の瑕疵に関しては、人工公物か自然公物かによって、これを判断するための基準が異なります。

① 人工公物の設置や管理の瑕疵

人工公物は、建物や道路の建設など、設置に至るまでに人の行為が介在しているため、その物を公の目的で使用を開始した時点で、ある程度高い安全性を要求することが可能です。

したがって、人工公物の設置や管理に瑕疵がないと判断されるのは、原則として、予測不可能な事故のような不可抗力に基づく場合に限定される他、設置や管理に必要する予算の不足は免責事由になりません。なお、偶発的事故で道路に落石物などがある状態になったとしても、その除去や原状復帰に十分な時間がある場合は、管理の瑕疵が認められることがあります。

② 自然公物の設置や管理の瑕疵

　自然公物は、津波や河川の氾濫など、予測不可能な事態が発生する潜在的な危険が存在します。最高裁判例も、未改修河川の管理につき、技術的・予算的・社会的な諸制約の中で、改修段階に応じた安全性（これを過渡的安全性といいます）を備えていれば、河川の管理に瑕疵はないとしています。一方、改修済みの河川の管理については、改修時点において想定された自然災害などの危険を回避できる安全性を欠いている場合に、河川の管理の瑕疵が認められます。

機能的瑕疵（供用関連瑕疵）とは

　人工公物自体に瑕疵がなくても、その使用方法との関連で管理の瑕疵が認められる場合があります。これを機能的瑕疵（供用関連瑕疵）といいます。最高裁判例は、国が管理権限を持つ空港自体に瑕疵がなくても、航空機の運用との関連で騒音防止措置などを怠った場合に、空港の管理の瑕疵を認めています。

4 その他の国家賠償に関する制度

費用負担の問題

　国家賠償法に基づく損害賠償責任を誰が負担するのかが問題になる場合があります。たとえば、公立小学校の教員が、教育活動の中で、生徒に体罰を加えたため、その生徒がケガをするなどの損害を被ったとします。この場合、公権力の行使に関する国家賠償として、生徒側（生徒や保護者）は、損害賠償を求めることができます。このとき、公立小学校の教員は市町村の公務員ですから、その選任・監督の権限を持つのは市町村教育委員会ですが、県費負担教職員制度の対象であるため、その給与の支払いは都道府県が全額を負担しています。そこで、生徒側は市町村と都道府県のどちらを被告として、国家賠償請求訴訟を提起することができるのかが問題となります。

　国家賠償法3条は、「公務員の選任若しくは監督又は公の営造物の設置若しくは管理に当る者」と「公務員の俸給、給与その他の費用又は公の営造物の設置若しくは管理の費用を負担する者」（後者を費用負担者といいます）が異なる場合は、費用負担者にも国家賠償請求を行うことを認めています。

　したがって、生徒側は、教員が市町村に属する公務員であることから、市町村を相手に国家賠償請求訴訟を提起することもできますし、費用負担者でもある都道府県を相手に国家賠償請求訴訟を提起することもできます。

　その後、どちらか一方が損害賠償責任を負担した場合は、行政内部の問題として、賠償責任を負担していない他方に対して求償権（肩代わりした金額の支払いを請求すること）を行使す

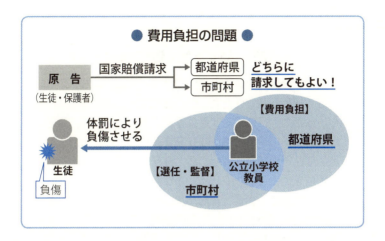

ることができます。たとえば、都道府県が生徒側に損害賠償金を支払った場合は、市町村に対して求償権を行使することができます。なお、損害賠償責任の具体的な負担割合について、国家賠償法は規定を設けていません。

民法やその他の法律の適用

　国家賠償法の規定は6条までしかありません。そこで、国や地方公共団体の損害賠償責任について国家賠償法に規定がない事項は、民法の損害賠償に関する規定に従うことを原則としています。ただし、民法以外の法律に規定が設けられている場合には、その法律の規定に従うことも明示しています。

　また、違法な公権力の行使や公の営造物の設置・管理の瑕疵によって損害を被った人が外国人である場合には、その外国人の本国において、日本国民に対して国家賠償制度の利用を認めている場合に限って、我が国の国家賠償制度を利用することが可能になります。これを相互主義といいます。

Column

公務員に対する個人責任の追及

　公権力の行使に対する国家賠償請求(国家賠償法1条)において、損害賠償責任を負うのは国や地方公共団体です。しかし、公権力の行使に対する国家賠償請求は、原因行為としての「公務員の違法行為」が存在するため、被害者が、加害行為者である公務員に対し、個人責任の追及として直接損害賠償請求を行うことができるか否かが問題となります。

　国家賠償法は、加害行為をした公務員に故意や重大な過失がある場合に限って、損害賠償責任を果たした国や地方公共団体は、自ら被害者に支払った損害賠償額に関して、その公務員に対して求償権を行使することを認めています。

　そこで、加害行為をした公務員に対する個人責任の追及も、その公務員に故意や重大な過失がある場合は認めるべきとする考え方があります。個人責任の追及は公務員に故意がある場合に限るとする考え方もあります。

　公務員に対する個人責任の追及が可能であれば、被害者の心情としては、直接の加害者に責任追及ができるため、より直接的な救済方法といえます。国家賠償法が公務員の個人責任に関する規定を設けていないことなどを根拠に、公務員の個人責任を肯定する下級裁判所の裁判例も存在します。

　しかし、最高裁判例は、公務員の個人責任の追及を認めていません。公務員に対する個人責任の追及を認めると、公務員が職務を遂行する際に萎縮的効果が生じ、かえって適正な職務の執行の弊害になるおそれがあることを考慮しています。この点は、損害賠償責任を果たした国や地方公共団体による公務員に対する求償権の行使を、故意や重大な過失がある場合に限定している根拠にもなります。

第8章

損失補償

1 損失補償制度

損失補償制度とは

　損失補償とは、適法な行政活動により特定の者に生じた財産上の損害に対し、公平性を維持するため、その金銭的補填を行うことをいいます。国家賠償の制度が、違法な行政活動によって特定の者に生じた損害を賠償することを目的としているのに対し、損失補償は適法な行政活動を前提としています。

　たとえば、周辺住民の生活用水や農業目的などの産業用水を確保する目的で、ある場所にダムを建設する場合に、ダム建設予定地内にある土地の所有者に対し、その土地の提供を求める必要があります。その際に、合意に基づいて所有地を譲ることもありますが、収用裁決に基づく土地収用によって、土地を強制的に取り上げることもあります。つまり、ダム建設という公共目的のために所有地を失う人が現れるわけです。

　この場合、所有地を失う人の犠牲の下にダムが建設され、多くの人々の生活用水や産業用水が確保されるのであれば、合意によるか土地収用によるかを問わず、所有地を失う人に金銭的補填（お金での穴埋め）を行うことで、公平性が維持されると考えます。これが損失補償の基本的な考え方です。

損失補償の根拠

　損失補償の根拠は、憲法29条3項の「私有財産は、正当な補償の下に、これを公共のために用ひることができる。」という規定にあると考えられています。ここでは「私有財産」と規定されていることから、損失補償の制度は、適法な行政活動に

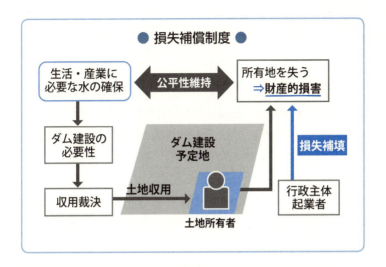

よる個々の国民の財産権（私有財産）への侵害に対して認められるものであると考えられています。

　もっとも、国家賠償の制度は憲法17条が根拠となり、一般法として「国家賠償法」という法律が制定されています。これに対し、損失補償の制度に関する一般法は存在しません。そのため、損失補償が必要になる行政活動の根拠となる法律に、損失補償に関する規定が置かれ、その法律の規定に基づいて損失補償が行われるのが原則です。

　一方、損失補償が必要になる行政活動の根拠となる法律に、損失補償に関する規定を置いていない場合、その法律は憲法に違反して無効であるとする考え方があります。しかし、最高裁判例は、損失補償に関する規定を設けていない法律は当然に無効ではなく、損失を具体的に立証することで、直接憲法29条3項を根拠にして、損失補償請求権が発生する余地があるとする考え方を採用しています。

2 損失補償が必要になる場合

損失補償が必要になる場合とは

損失補償の制度は、公平性の維持を趣旨とするので、損失補償が必要となるのは、損失が公平でない場合、つまり財産的損害が特別の犠牲にあたる場合であると考えられています。

特別の犠牲にあたるか否かは、原則的には、適法な行政活動による財産権の侵害行為が、①特定の人のみを対象にしているのか、それとも広く一般の人を対象にしているのかという形式的基準、②社会的制約として許容すべき範囲内のものか否かという実質的基準、という2つの基準に照らして総合的に判断すべきであると考えられています。

形式的基準については、財産権侵害が不特定多数の人に発生する場合には、広く一般の人が対象になると判断され、損失補償は不要であるとする結論に向かいます。

実質的基準については、どのような目的で財産権侵害を発生させているのか(侵害行為の目的)、侵害行為によってどの程度まで財産権が侵害されるのか(侵害の強度)など、財産権侵害の具体的内容を考慮した上で、一般に許容範囲内であれば、損失補償は不要であるとする結論に向かいます。

財産権侵害の内容と損失補償の要否

上記の損失補償の要否に関する基準においては、とくに「侵害行為の目的」が重要な意味を持ちます。まず、財産権侵害が国民の生命・身体の安全の保護にある場合(消極規制や警察規制と呼ばれます)には、損失補償は不要と考えます。

第8章 ■ 損失補償

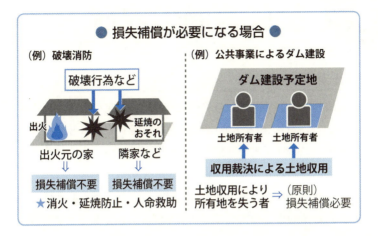

　たとえば、火災現場で火の勢いを抑えて延焼を防ぐため、消防法に基づき、出火元の家屋や延焼の恐れがある家屋などを壊す破壊消防という手段が認められています。破壊された家屋などの所有者は財産的損害を負いますが、消火・延焼防止・人命救助によって国民の生命・財産を守るために必要な措置であるため、損失補償は不要と考えられます。

　これに対し、財産権侵害が広く公共の福祉を増進する目的で行われる場合（積極規制と呼ばれます）には、損失補償が必要になります。たとえば、利水目的で公共事業によりダムを建設する場合などが挙げられます。

　また、「侵害の強度」が問題となる例として、都市計画法に基づく土地利用制限の期間の長さが挙げられます。土地利用制限が長期になればなるほど、財産的損失が大きくなるため、損失補償を必要とする結論に向かうと考えられます。ただし、都市計画法に基づく長期に渡る土地利用制限について、損失補償が不要であるとした最高裁判例もあります。

3 損失補償の内容

「正当な補償」とは

　損失補償が必要とされる場合に行うべき補償の具体的な内容について、憲法29条3項は「正当な補償」であると規定しています。この「正当な補償」の意味については、完全補償説と相当補償説の対立が見られます。

　完全補償説とは、損失補償における「正当な補償」とは、失われた財産的損失のすべてが補填されるべきであるとする考え方です。これに対し、相当補償説とは、必ずしも財産の損失の完全な補填ではなくても、合理的な算定基準に基づいて算出された金額を補填すれば足りるとする考え方です。

　最高裁判例は、戦後の農地改革に伴う農地の強制買収に伴う損失補償について、その当時の経済状態を考慮して合理的に算出される相当な額の補償で足りると述べており、これは相当補償説を採用したと考えられています。

　しかし、土地収用法に基づく土地収用に伴う損失補償については、収用の前後を通じて収用された土地と同等の代替地を取得できるような金額の補償を求める最高裁判例が存在し、これは完全補償説を採用していると考えられています。

　一方、別の最高裁判例では、土地収用に伴う損失補償額の算出方法に関して、完全補償の金額と必ずしも一致しない場合を認めながらも、収用の前後を通じて財産的価値を等しくさせるような補償をすべきことを求めています。そのため、最高裁判例によれば、必ずしも完全補償説を否定していないと考えられます。

第8章 損失補償

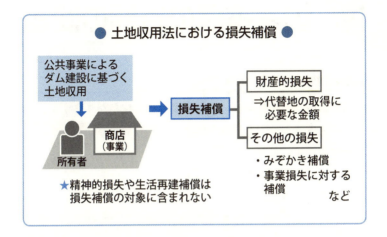

その他の損失に対する補償

　損失補償は、原則として財産権を対象に行われますが、それ外の損失についても、補償の対象にすべきではないかという議論があります。

　たとえば、土地収用によって、何代にも渡り住み続けた家を手放さなければならないことに対する精神の損失が挙げられます。また、代替地に移住ができても、事業などを継続していく上での環境や条件の変化に伴い、生活状態が以前とは異なってしまうことがあるため、生活再建費用などの補償が問題になります。もっとも、これらの費用については、原則として損失補償の対象に含まれないと考えられています。

　また、土地収用法は、土地収用に対する損失補償について、①失った所有地の対価の他、②残された土地に必要になるみぞ、かきなどの工事費用（みぞかき補償）、③移転料、④事業を営むことができないことで被った事業者の事業損失に対する補償を規定しています。

4 国家補償の谷間の問題

国家補償の谷間の問題とは

　国家賠償と損失補償は、国家補償の2大柱となりますが、どちらの制度によっても救済が困難である事例が存在します。これを国家補償の谷間の問題といいます。

　たとえば、国が実施する集団予防接種において、ごく稀ではありますが、副反応を発症して、重大な後遺障害が残ったり、死亡したりする場合があります。これを予防接種禍といいます。被害者の発生は予測不可能であるため、「悪魔のくじ引き」と呼ばれることもあります。

　国が実施する集団予防接種は、国民の健康維持や疾病の防止という重要な目的の下で行われるため、違法な行政活動ということは難しいでしょう。また、国家賠償請求の要件のひとつとして公務員の過失が必要ですが、集団予防接種を担当する医師などは、副反応を発症する患者（禁忌者）を発見することが非常に困難であるため、一般に過失を認めることはできません。したがって、国家賠償制度によって、予防接種禍の被害者が損害賠償請求を行うことは難しいと考えられます。

　また、予防接種は適法な行政活動において、副反応という被害をもたらしていますので、損失補償による救済が可能とも考えられます。しかし、損失補償制度は、財産的損失に対する補償制度であって、副反応による後遺障害や死亡という被害は、財産的損失ということはできないため、損失補償制度による救済も難しいと考えられます。

第8章 損失補償

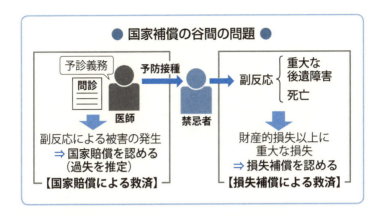

損失補償制度の解釈による救済方法の検討

　下級裁判所の裁判例では、損失補償制度を利用して救済を図るケースが存在します。つまり、予防接種禍によって引き起こされる被害は、生命や身体に対する損失ですから、これらは財産的損失よりも重大な損失です。そこで、財産的損失に対する補償が認められる以上、より重大な権利利益である生命や身体に対する損失についても、損失補償制度を利用すれば救済することが可能と考えるわけです。

国家賠償制度の解釈による救済

　最高裁判例は、国家賠償制度を利用して救済を図る立場を採用しています。具体的には、集団予防接種を担当する医師などは、集団予防接種に先立ち、必要な予診を行うことが義務づけられており、接種された人が副反応による後遺障害などを発症した場合は、医師が予診義務を怠った（過失がある）と推定します。被害者救済の必要性を考慮し、過失の認定基準を緩めることで、国家賠償制度の利用が可能になるということです。

ピンポイント行政法

2018年12月7日　第1刷発行

編　者	デイリー法学選書編修委員会
発行者	株式会社　三省堂　代表者　北口克彦
印刷者	三省堂印刷株式会社
発行所	株式会社　三省堂

　　　　〒101-8371　東京都千代田区神田三崎町二丁目22番14号
　　　　電話　編集（03）3230-9411　　営業（03）3230-9412
　　　　http://www.sanseido.co.jp/
〈ピンポイント行政法・192pp.〉

Ⓒ Sanseido Co., Ltd. 2018　　　　　　　　　　　Printed in Japan
落丁本・乱丁本はお取り替えいたします。

> 本書を無断で複写複製することは、著作権法上の例外を除き、禁じられています。また、本書を請負業者等の第三者に依頼してスキャン等によってデジタル化することは、たとえ個人や家庭内での利用であっても一切認められておりません。

ISBN978-4-385-32028-1